JN106402

建築新講座テキスト

実例に学ぶ

ファシリティ マネジメント
（民間・大学編）

野城智也／佐藤隆良／村井一 著　　安孫子義彦 企画協力

市ケ谷出版社

は　し　が　き

　現在日本には，90 億 m^2 を超える建築ストックがあります。一方，近年は，1 年間の新築着工が，1.5 億 m^2 に満たない状況が続いています。建築のストックとフローの比率が 90億：1.5 億という現実なのに，日本では建物が古くなったら，建て替えるという手段を，まず思いつきます。

　ひと昔前は，「建築の使い勝手が悪くなったら，建て替えてしまえば良い」という発想が支配的でしたし，いまでもこうした考え方は根強くあります。

　例えば，私たちのまわりで空き家が増加するなど未使用の建築空間が増える一方で，子育てや高齢者の介護をするための施設が足りないというミスマッチを，「建て替え」という手段だけで是正するという発想は，狭量で合理性に乏しいと言わざるをえません。

　そもそも，現代の社会経済の変化は，極めて速く，仮に新築するとしても，その建築の中で人々がどのような営みをするのかを入念に想定して設計しても，短時間のうちにその想定とは異なる使い方が指向されることは珍しくありません。いま，建築に求められているのは，要求条件が刻々変化する状況のなかで，建築のなかで展開する人々の営みが発展し豊かになっていくように，既存建築を「賢く」使いこなしていくことではないでしょうか。

　本書の主題である「ファシリティ マネジメント」は，まさに，人々の営みが発展し，豊かになっていくことを目指して建築を使いこなしていくための術を示すものです。

　すなわち，建築と人々の営みとの間のズレを「賢く」軽減し，人々の活動の可能性を拡げていくために，体系的にあの手この手を打っていくことを指します。ここで，「賢く」というのは，資金，人材，情報，知識，施設，設備などの経営資源を有効に活用する，ということも含みます。実際，人々が使える経営資源には限りがあります。有効に使わないと，砂に水がしみこむようになって，ズレを縮小することにほとんど効果を発揮できません。

　ファシリティ マネジメントは，打ち出の小槌ではありませんが，資金や人材が足りないからとあきらめてズレを我慢している人々に対し，資金や人材を有効に使って少しでもズレを縮小していく途をひらいていく手段だといってもよいでしょう。それだけに，ファシリティ マネジメントは，建築の所有者・使用者と，様々な技術的サービスを提供する人・組織が，一緒に神輿（みこし）をかついでいかないと，「賢く」ズレを軽減していくことはできません。

　本書はこうした考え方に立って，建築の所有者・使用者，特にいままでファシリティ マネジメントからは縁遠かった方々にも読者になっていただき，神輿のかつぎ手になっていただくことを想定し著されています。

　具体的には，本書は，第1編デジタル時代のファシリティ マネジメントという理論編と，第2編ファシリティ マネジメント業務の実施という実務編の二部構成をとっています。

　第1編では，なぜファシリティ マネジメントなのか，そして何をどのようにやっていくのかのあらましを説明しています。ここでは，情報の取り扱いの大事さを強調しています。というのは，必要な情報がないために無理・無駄が続発し，資金や人材など貴重な経営資源が費消されることが珍しくないからです。幸いにして，いまデジタル化データをもとに，人手を軽減しつつ「賢く」建築を使いこなしていく可能性が急速に拡がっています。そこで，本書では，「それぞれの事情に応じて，やれるところから，順次可能性を拡げていける」ことを念頭に，身の丈にあった形で，「賢く」ズレを縮小していく，ファシリティ マネジメントのデジタルトランス フォーメーション（DX）の道筋を解説しています。

　第2編では，オフィスビル，集合住宅，ホテルを事例に，ファシリティ マネジメントの業務のあらましを説明しています。人口の高齢化，DX の進展や，近年の Covid19 がもたらした，人々の暮らし方や働き方の大きな変化は，知的生産活動の様態や，ビジネスモデルを変容させようとしています。こうした状況のなかでファシリティ マネジメントの業務をどのように進めていけばよいのか，実務的な道筋を示しています。

　本書が示す道筋によって，建築の所有者・使用者と，技術的サービスを提供する人・組織が一緒に神輿をかつぐファシリティ マネジメントが，実施されることを期待します。そして，建築のなかで展開される人々の活動に力を与えて新たな富を生み，さらに，人々の活動を高みにもっていく投資が行われていくという「正のスパイラル」が，この国の多くの場所で，起きていくことを願ってやみません。

　2023 年 7 月 26 日

著者を代表して　野城智也

目　次

┌─ **執筆担当** ─────────────────────────────────

野城智也：第 1 編　第 1 章，第 2 章，第 3 章 3-1，3-2，第 5 章
佐藤隆良：第 2 編
村井　一：第 1 編　第 3 章 3-3，第 4 章

└──

第1編
デジタル時代の
ファシリティ マネジメント(FM)

第1章　なぜFMか？

1-1　組織活動と経営資源

　人々は建築というファシリティ，すなわち，その場所，環境，設備，システムを用いて，さまざまな営みをしている。建築というファシリティは人々の活動を発展させることもあれば，拘束・制約することもある。社会経済環境や，組織がもつ内発的な要因の変化によって，人々の活動と，建築などのファシリティとの間にズレが生じ，拘束・制約が強められていく。

　本書の主題であるファシリティ マネジメント（FM※：Facility Management）は，経営資源を筋道立てて投入することでそのズレを縮小し，組織の活動目的の達成度合いと，その発展の可能性を高めていくことを目指している。

　企業や組織は，資金，人材，情報，知識，施設・設備などの経営資源を用いて，その目的を達成しようと，日々活動している。ここで，経営資源（resource）とは，企業や組織が何らかの「コトの達成」のために用いられる広い意味での有形・無形の資産（asset）を指す。ファシリティ（facility）は，経営資源の一角を成すといってよい。

コト：無形であるが，人にとって何らかの意義・意味をもたらす行為，体験，感情，成果，業績などを指す。

機能・性能

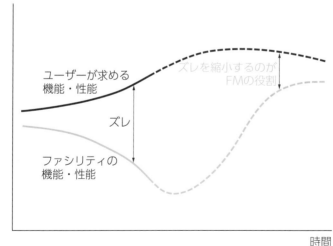

図1-1　ファシリティと人々の活動との間のズレを縮小する

※印の簡略英文，和文用語等については，巻末に付録として，その概略を掲載してある。

1-2　FM とは何か

マネジメント（Management）とは，状況に応じて，資金，人材，技術，情報，知識などの経営資源を確保しつつ，それらを能動的に差配して組織化し，プロセスを統合していく行為である。また，ファシリティとは「組織が業績や成果を挙げることや，人にとって何らかの価値・意味をもたらすことなど，何らかの目的を達成するために供される，建築，設備，物理的環境，場所やそれらの特徴」を指す。

それゆえ，ファシリティ マネジメントとは，

> 場所，設備，環境が，ある特定の用途目的の達成（＝使い手がすすめようとしている「コト」の実現）を手助けする度合いを高めていくためのマネジメント

であると理解できる。この基本的理解に加えて，**表 1-1** に示す，国内外のファシリティ マネジメント（FM）の定義例を踏まえるならば，FM は次のように定義できる。

> 「資金，人材，情報，技術，知識などの経営資源を能動的・効果的に差配するプロセスを組織的に動かしつつ，場所，設備，環境を利活用することによって，使い手となる人々にもたらすサービスを継続的に改善していくとともに，使い手の組織が目的とする社会的・経済的活動の業績・成果を高めていく行為」

Management は，管理と訳されることもあるが，管理という言葉には能動的な意味が含まれないことから適切な翻訳とはいえない。
そこでカタカナでマネジメントと表記されることが増えている。

表 1-1　ファシリティ マネジメント（FM）の定義例

定義をした人・組織・グループ	定義内容
ISO/DIS 18480-1	人々の生活の質（QOL：quality of life）や中核的事業（core business）の生産性を高めることを目的に，人工環境（the built environment）のなかで，人，場所，プロセスを統合する組織的機能
ヨーロッパ規格（EN15221.1）	組織の主要活動の実効性を支援・改善するためのサービスを維持向上させるための組織内のプロセスの統合
国際ファシリティマネジメント協会（IFMA*）	人，場所，プロセスおよび技術を統合することによって，人工環境の機能性を保証するさまざまな専門性を兼ね備えた職能
公益社団法人 日本ファシリティマネジメント協会（JFMA*）	企業・団体等が保有または使用する全施設，資産およびそれらの利用環境を経営戦略的視点から総合的かつ統括的に企画，管理，活用する経営活動
アメリカ議会図書館（1982*）	物理的な業務空間と，人々や，組織の業務とを組み合わせ調整していく実践活動；業務管理，建築，行動科学，工学それぞれの原理を統合していく

IFMA：国際ファシリティ・マネジメント協会

JFMA：日本ファシリティ・マネジメント協会

* Library of Congress Professional Definitions, Library of Congress News #82-115. による。

Barret, P.(1995). Facilities Management Towards Best Practice. Oxford, Blackwell Science.	その組織の基本的な目的の強い基盤となる環境を生み出すために，建物および組織の基盤サービスを運用，維持，改善，適応させていく戦略的で統合的な取り組み
Alexander (1996)Facilities Management: Theory and Practice, FN & Spon	建物，システムおよびサービスが組織の中核業務の基盤となること，および諸条件が変わりゆくなかで，組織の戦略的な目的を達成することに貢献できるようにすることを保証するプロセス
英国FM協会（BIFM）	人々の生活の質（quality of life）や，コア・ビジネスの生産性を改善することを目的に，人工環境内の，人々，場所，プロセスを統合する組織機能

1-3　負のスパイラルから正のスパイラルへ

　従前は，物的資源などの有形資産を多くもっていることが業績・成果の向上には重要であると考えられてきた。しかし，ファシリティを多くもちすぎていると，**図1-2**に示すような「負のスパイラル」が起きてしまうおそれがある。

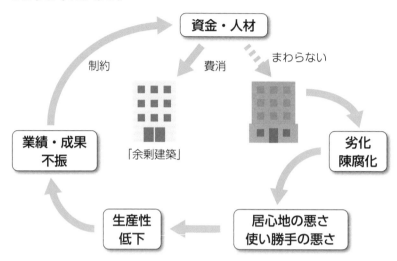

図1-2　建築ストックをもちすぎることによる負のスパイラル

負のスパイラルとは，**図1-2**に示すように，
　・資金・人材などの経営資源を有効に投入しないために建築の劣化・陳腐化が進んで，
　・人々にとっての居心地や使い勝手が悪くなり，
　・組織が目的とする活動や，その発展可能性が制約され，
　・さらに，組織の業績・成果を毀損させて，
　・用いることのできる経営資源を縮小させてしまい，
　・ますます建築と要求条件とのズレが拡大していってしまう状況
を表している。
　実際に，企業，政府・自治体，諸法人で，この「負のスパイラル」にはまりこんでしまっている例は数多く見られる。
　これに対してFMは，**図1-3**に示すような，「正のスパイラル」を動かしていくことを目指している。

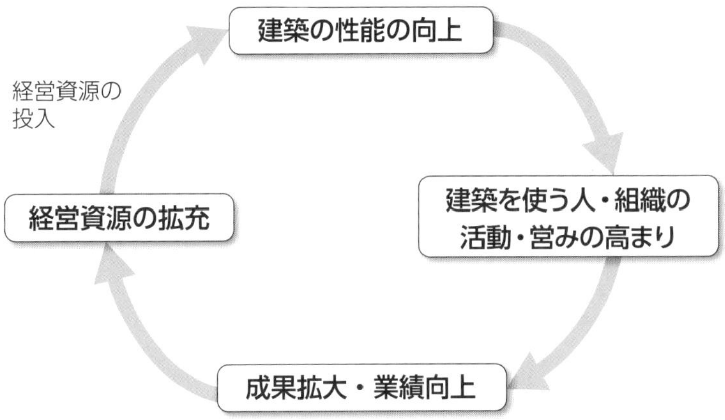

図 1-3　「正のスパイラル」を起こすことが FM の役割

正のスパイラルとは,

・資金・人材などの経営資源を適時に有効に投入することで, 要求される条件が常に満たされることによって,

・人々にとっての居心地や使い勝手が良好で生産性が向上し,

・組織が目的とする活動や, その発展可能性が継続的に高められ,

・さらに, 組織の業績・成果が向上拡大し,

・用いることのできる経営資源が充実し,

・さらなる経営資源を戦略的に投入できる状況

を表している。

　すなわち, 建築というファシリティを使うことで得られる業績・成果が向上拡大して, 経営資源をますます充実させていくという「正のスパイラル」を起こすことを FM は目指しているといってよい。

　マネジメントのよしあしで, 前述の「正のスパイラル」を起こし持続させていくことができるかが決まる。機能が充足して室内環境やアメニティが高まることで, 業務やサービスの質・効率, 知的生産性が高まり, 結果的に予算を賢く使っていくこともできる。

　逆に, 例えば, 病院, 空港, 店舗などで, 無駄な動線が多くて, わかりづらさや, 億劫さを人々に強いるような状況が放置されていると, 結局は, 業務成果やサービスは低下し, 客足は遠のき, 「負のスパイラル」がまわり始めてしまうことも起こりうる。

　それだけに, FM を導入・展開することで, 「正のスパイラル」を動かしていくことが重要である。

1-4　FMの全体像と4側面

　では，FMは何を目標に，どのような役割を果たすのであろうか？

　FMは，建築などで構成される人工環境（built environment）と人々とのかかわりをマネジメントして，人々の生活の質や，組織の中核的な業務の生産性を上げていくことを主眼としている。

　図1-4は，FMの働きの4側面を表している。人・組織が，人材，資金，情報，知識を投じて，ファシリティとしての建築を使って，さまざまな活動を行い，何らかの成果・業績を上げるというサイクルを表している。

　業績，成果が上がれば，さらに，建築を使うにあたって，人材，資金，情報，知識などの経営資源を充実して使うことができるので，ファシリティを用いて展開する人々の活動はさらに高まり，成果・業績は一層高まる，という正のスパイラルがまわっていくことになる。

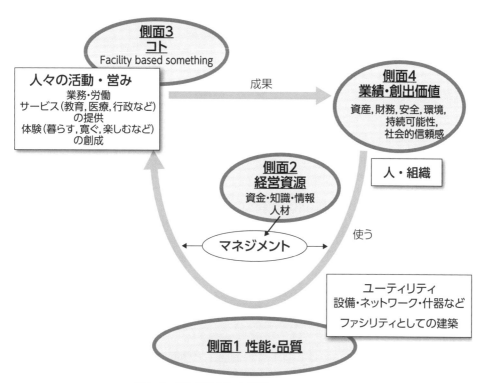

図1-4　FMの働きの4側面

　経営資源は，効果を生むための行動・操作・利用の対象となる経営資源（Operand）と，効果を生成させるための経営資源※（Operant）の二種類に分類できるといわれている。

　FMによって，正のスパイラルをまわしていくためには，**図1-4**に示した4つの側面を取り扱っていく必要がある。

経営資源：FMにおいて，資金，人材，信用，ブランド，情報は，何らかの「コトの達成」をするためにファシリティを働かせるための能動的な経営資源であるととらえられる。

　側面1は，ファシリティとしての建築がもつ性能である。使うために必要な性能をもっていないと，ファシリティで展開する人々の活動・営みはうまくいかない。

　側面2は，建築を使うために必要となる資金，人材，知識，情報などの経営資源である。ファシリティが人々の活動・営みに役立つためには，ファシリティというハードウエアだけでなく，それを動かすソフトウエアが必要である。

　そのソフトウエアには，諸設備の運転・管理，警備・入退室管理，防災対応，交通・輸送管理などを行う日常的なオペレーションシステムや，点検・修繕・更新・改修などのライフサイクル管理システムが含まれる。

　こうしたファシリティを使うための仕組みが構築され運用されるように，資金，人材，知識，情報などが投入されなければ，人々の営みや活動は制約されてしまう。

　側面3は，ファシリティを使うことによってもたらされる「コト（facility based something）」である。この「コト」には，働くコト，何らかのサービス（教育，医療，行政など）を生み出すコト・提供するコト，さまざまな体験を生み出すコト・提供するコト（暮らす，寛ぐ，楽しむなど）などが含まれる。

　側面4は，ファシリティを使うことでもたらされたコトが，それを生み出す人や組織にもたらす成果，業績，価値である。それらは，「資産」，「財務」，「安全」，「環境」，「持続可能性」，「社会的信頼感」などの物差しで評価される。

　4側面のうち，側面1は，操作・利用される対象としてのファシリティ，すなわち Operand を表している。一方，側面2は，ファシリティを働かせて何らかの業績・成果を生成させる経営資源，すなわち Operant であると捉えられる。

　そして，側面3，4は，Operand を対象に Operant を使ったことによって生まれる成果の意義（コト）や，得られる業績・成果の大きさを表している。

　従来の建築の維持管理・保全においては，**図1-4 の側面1と側面2**の範囲だけでものごとが考えられてしまっていた。人々や組織が活動の成果・業績を高めるために，その場に経営資源を投入するという発想は乏しく，**側面3，側面4**は意識の外におかれていたきらいがある。

　これに対して，FM は，効率的なオペレーションシステムや長期的視野にたったライフサイクル管理をして，適時適所も経営資源を投入することで，もたらされる「コト（**側面3**）」を高め，人・組織の業績・成果（**側面4**）を持続的・発展的に拡大させる投資であると捉える。

すなわち,

- ・建築がもつ性能（**側面 1**）, および,
- ・建築を使うための予算, 情報, 人材などの経営資源（**側面 2**）に目配りをしながら, ファシリティを用いて,
- ・もたらされる人々にとって何らかの意味のあるコトを賦活し（**側面 3**）,
- ・生み出される業績・成果やその発展可能性を高めていく（**側面 4**）

という能動的な考え方にたっている。いわば, 従来の施設管理とは一線を画する概念で,「施設管理」という言葉は FM の一部と捉えるべきである。

　側面 1, **側面 2** だけであれば, 組織の営繕・管財部門だけで意思決定ができるが, **側面 3**, **側面 4** も含むとなれば, 組織の経営者・運営者でなければ判断できない。後述するように, FM の最終意思決定者は組織の経営者・運営者であるべき理由がここにある。

1-5　FMの目標

　FMの4側面（**図1-4**）に即して，FMでは，次のようなことを目標にする。

目標1　建築の性能を要求水準以上に維持・向上させていく（側面1関連）。

目標2　用いられる経営資源が有効に使われるようにする（側面2関連）。

目標3　ファシリティを使うコトによる人々の活動・営みを活性化させたり，豊かな体験をもたらし，人々にとって何らかの意味のあるコトに活力を与える（側面3関連）。

目標4　人・組織の業績・成果やそのもつ価値を高めていく（側面4関連）。

　目標1，目標2は「守り」の管理的目標になるのに対して，目標3，目標4は「攻め」の能動的な目標となる。いずれにせよ，これらの目標達成のためには，組織・プロセスを系統立てて構築して動かし継続的に取り組んでいくことが不可欠である。

　以下，目標1，目標2，目標3，目標4について，どのように取り組んでいくべきなのかを解説する。

1-5-1　目標1　建築の性能を要求水準以上に維持・向上させていく

　建築が求められる安全をはじめとして諸性能の水準を満たしていなければ，ファシリティ，すなわち「何らかの目的を達成することを可能にする場所，環境，設備，システム」とはなり得ない。

　例えば，地球規模での環境変化を抑制していこうと世界が取り組んでいるなかで，また一方では人々の使い心地・住み心地も大事にされているなかで，環境性能の劣る建築はファシリティにはなり得ない。

　また，建築が，人の身体的健康・精神的な健全性をむしばむような直接的または間接的な原因になっているとすれば，ファシリティであるとは言い難い。建築の性能が要求される水準に達していないために，ファシリティを使う人々が健康を害したり，怪我や生命の危機に瀕することはゆめゆめあってはならない。そのようなファシリティに，人材，資金，情報，知識などの貴重な経営資源を投じることは，砂に水がしみこむような行為になってしまう。

　建築性能が水準に達していないことに起因して，ファシリティのユーザーが，機会を失ったり，係争の対象となってしまうことは避けなければならない。それゆえ，安全（EHS：environment, health and safety），

環境,健康などの観点から建築性能をとらえ,モノ・空間の性能を維持・向上させ続けることは,FMにとって不可欠の側面であり,「建築の性能を要求水準以上に維持・向上させていく」という目標の達成は必須である。

地震,火災,台風などの自然災害が起きた際の業務継続性（Business continuity）は重要である。単に建築単体のハードウエアの性能だけでなく,浸水や損傷がある程度あった場合の機能維持性・機能回復性,水・食料のストック,自家発電などエネルギーの確保などの自律性向上策を計画し,実行しなければならない。

建築の性能を要求水準以上に維持・向上させていくためには,建築の物理的劣化,陳腐化について,長期的視野から計画的,継続的に対処していく必要もある。建築性能や,性能に係わる要求条件・水準を継続的にモニタリングするとともに,必要に応じて,修繕・改修計画を立案し,必要な措置を持続的・系統的に施して実行していかなければならない。

1-5-2　目標2　用いられる経営資源が有効に使われるようにする

人手や資金をかけて技術や情報,知識を適用することによって,望んだコトや業績を生み出していくようにファシリティを働かせていくことができる。ただし,技術や情報,知識が適切に適用されず,人手や資金をたくさんかけても,うまく働いてくれないファシリティもある。知らないところで水槽の栓が抜けているように,目に見えないところで経営資源が費消されるような無理無駄を抱えているファシリティは,まさに「負のスパイラル」の入り口にたっているといっても過言ではない。

行き当たりばったりではなく,ファシリティに,適切な技術,情報,知識を適用することで,ファシリティを働かせることに,人手と資金が有効に使われていくこと,すなわち,「用いられる経営資源が有効に使われるようにする」ことがFMの重要な目標となる。

この目標を達成するためには,以下のように2つ大事なことがある。

(1)　適切な技術,知識をもつ者が担うこと

1つは,適切な技術,情報,知識を適用できる資質をもった人・組織がファシリティを働かせるための業務を担うことである。

もし,こうした人材や部門が組織内にいないのであれば,外部に委託することも選択肢として検討し,実行することが重要である。技術,情報,知識に欠ける者が業務を担うことで,本来,南に行くべきなのに北に向かうような不適切な措置が繰り返され,経営資源が費消されているファシリティの例は決して少なくない。

さまざまな専門家の支援を得ることは,こうした経営資源の無理無駄

による費消を避けるためには有益である。例えば，光熱費の絶対額の大きさに驚き，これを無駄と見て対策を施そうとすることは大切であるが，なぜ，そのような大きなエネルギーの使用が発生してしまったのか，その原因がわからないままに対策を施すとお門違いのことをやってしまうおそれがある。冷暖房温度や空調時間を制約することで，人々が暑さや寒さに耐えながら仕事をし，その結果，快適性や生産性を損なっている一方で，実は，空調機が低負荷稼働（自動車でいえばローギアで走り続けている状況）しているために，エネルギーが非効率に使われて大きな無駄をしていることを見過ごしているということがよくある。

　適切な技術，知識をもった専門家の支援を得ることで，空調機の低負荷稼働による無駄を発見し，その空調機の運転モードを工夫することで，人々の快適さを損なうことなく，はるかに大きな光熱費を節約する途が拓かれる。無駄無理の発見やその対処のためには「餅は餅屋」の格言を忘れてはならない。

(2) 生産性と品質を向上させるシステムの構築・導入・運用

　もう1つ大事なことは，経営資源を有効に使うためのシステムを構築・導入し運用することである。

　建築などのファシリティを働かせるためには，労働集約的な側面は多々ある。しかしながら，近年のデジタル化技術の普及によって，その労働生産性や業務の品質が飛躍的に向上しようとしている。例えば，従前であれば人が現場に足を運んで，行っていた点検作業が，現在では，さまざまなセンサーを配置し，そこからあがってくるデータを分析することで行えるようになっている。それは，単なる人的作業の代替だけでなく，ネットワークを介して集まってくるデータを分析することによって，より詳細に状況を把握し，より賢くファシリティを働かせていく途を拓いている。また，技術の高度化や社会の複雑化によって，ファシリティについて管理しなければならないことは増大の一途を辿っている一方で，それにあたる人材は不足している。

　こうしたニーズの高まりやICT※の発展を背景に，デジタル技術を用いた日常的なオペレーションシステム，ライフサイクル管理システムや，自動化システム（IoT※，ロボット）が導入されつつある。それゆえ，ファシリティを働かせるために用いられる経営資源が有効に使われるようにするためには，デジタル化されたデータの利活用を大前提に，次のようなシステムを構築し運用することが求められる。

(a) 日常的オペレーションシステム

　建築がファシリティとして，求められるコトや業績を生み出し，日々働くようにするために，次のような業務を動かしていくためのシステムである。

ICT（Information and Communication Technology）：情報通信技術のこと。情報処理だけでなく，ネットワークを用いた情報・知識の共有を含む。

IoT（Internet of Things）：インターネットを介して，モノ（Things）に組み込まれたコンピュータシステムに外部のソフトウェアからのコマンドが送られることによってモノが稼働にする仕組み。ひとつのソフトウェアから複数のモノにコマンドを送ることで，それらを協調的に作動させることができる。

- ・設備運転
- ・入退室・防犯管理
- ・交通・動線管理
- ・施設内運搬・ロジスティック
- ・防災管理
- ・コミュニケーション・情報通信
- ・清掃・点検
- ・アメニティ・附帯サービス

これらを自動化していくため，あるいはパフォーマンスを向上させるため，現代ではさまざまなデジタル化技術が導入されつつある。これらがバラバラではなく，総合的に働かなくてはならないことから，近年では，CMMS※（Computerized Maintenance Management System：コンピュータ化された保守管理システム，設備保全管理システム），BAS※（Building Automation System：ビル総合管理システム）などが導入されている。

(b)　ライフサイクル管理

建築が中長期間にわたって機能していくためには，次のような管理業務が系統的・組織的になされていかなければならない。

- ・点検
- ・修繕
- ・計画修繕
- ・緊急対応
- ・長期保全

これらの業務は，いままでは，専門技術者による人海戦術に頼ってきたが，センサーなどを活用したデジタルデータの収集，分析，機械学習などの AI※に支援された診断，IoT による制御などが導入されつつある。

　無理無駄を省き，経営資源が有効に使われるようにするという目標を，ファシリティのライフサイクルにわたって達成していくには，その運用に，どのような経営資源が必要になるのかを把握する必要がある。前記の日常的オペレーションシステムを構築し運用することは，こうした把握の一助となるが，さらに幅広く目配りすることが望まれる。というのは，日常的経費だけでなく，ライフサイクル上想定される，修繕・改修などに要する費用や，事故・災害など緊急事態への対応に必要な費用は，大規模な費用となることから，これらの費用も想定し手当てしておく必要があるからである。

　また，役務や物品の調達方法により，費用が顕在化したり，見えづらくなってしまうことがあることにも注意が必要である。例えば，建築の運用に要する人員を外部へ委託する場合は委託費用として顕在化する

CMMS：コンピュータ化された保守管理システムで，設備保全の現場を支援・統制するシステム。

BAS：建物内の照明，空調，防犯セキュリティ，電力メータ等の設備機器をネットワーク経由で一元管理し，設備機器の監視や制御を行うシステム。

AI（Artificial Intelligence）：人工知能のことで，人間の知覚や知性の一部をソフトウエアを用いて人工的に再現したもの。

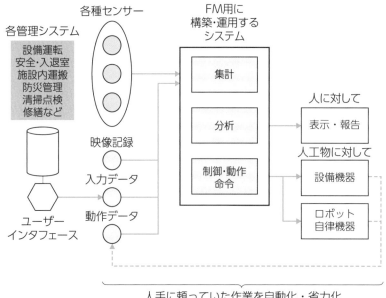

図 1-5　システムの構築・導入・運用が経営資源の有効利用には必要（概念図）

が，社員など組織のスタッフが担当する場合は運用人員に関する経費が雇用費のなかに埋もれて見えづらくなってしまうおそれがある。また，インハウスの人員が業務を行う場合と，外部委託した場合とでは，業務効率や品質が異なる場合もある。

　こうした「見えづらい費用」や効率などを考慮した検討をすることで，目に見えない無理無駄を発見することができる。

1-5-3　目標3　人々の活動・営みの活性化，豊かな体験の提供

　ファシリティを利活用することで，「人々の活動・営みを活性化させたり，豊かな体験をもたら」し，人々にとって何らかの意味のあるコトに活力を与えるためには，次のような事項に目配りしたマネジメントが求められる。

（1）生産性を高めていくこと

　工場，事務所などの事業所においては，広い意味での生産性を高めていくことが，業績・成果やその発展可能性を継続的に高めていくためには重要になる。

　いわゆる知識経済の進展に伴い，世界中の企業・組織は，働く人々の創造性，知的生産性を高めることが，その業績・成果を押し上げることを肌身をもって認識している。そのため，知的生産性が向上するように働く場所（Workplace）の設備・空間配置を工夫したり，ともに働くスペース（**コワーキングスペース**）や**シェアオフィス**を活用したり，1日のなかの人の生理的サイクルに応じて照明の色を変えていくなどの工夫

コワーキングスペース：さまざまな年齢，職種，所属の人たちが空間を共有しながら仕事を行うスペース。

シェアオフィス：オフィススペースを複数の利用者により共用すること。その利用方法により，「サービスオフィス」や「コワーキングスペース」などと呼ばれるこことともある。

図 1-6　生産性を高める

をしている。

　現代のイノベーションは，たった一人の発明家ではなく，多様な人々や専門家のもつ情報・知識・感性・能力が融合して起こることが多いとされている。その融合は，働く場所のなかで，人々がどのような距離で配置されているのかということと密接に関係している。すなわち，知的生産性は，ファシリティのあり方と密接に関連しているという認識が急速に高まっている。

　いま，世界中で働き方が変わろうとしている。例えば，ABW※（Activity Based Working）という働き方がある。これは，働く人が，最も成果を挙げやすくするために，その場所や時間を，自由に選べるというものである。そのため，各自が，集中して働ける場所，くつろぎながら会合できる場所，一緒に角を突き合わせて働く場所，秘匿度の高い会話ができる場所を見出すことができるようにしよう，とするのがこの働き方である。FM にとっては重要な課題がつきつけられているともいってよい。とくに，Covid-19※の蔓延以降は，在宅勤務が働く場所となったので，ABW は急速に進展している。

　また，さらには，アジャイル・ワーキング（Agile※ working）という考え方も現れている。これは，業務におけるプロジェクトではしょっちゅう物事が変動するダイナミックスがあるので，ソフトウェアの開発手法の 1 つであるアジャイル開発と同様に，迅速かつ効率的に作業を進められるようにしようという働き方である。

　アジャイル・ワーキングの一様態として，スクラムという様態があり，これはラグビーのスクラムのように，みんながまとまって一気に勝負をかけようとするやり方だという。固定的な空間のあり方では，スクラム・ワーキングは難しい。こうした働き方に対応できる空間のマネジメントが求められている。

　言い換えれば，従来型の日本の事務所建築では，中間管理職を中心に机を島型にまとめるレイアウトが一般的であるが，こうしたすし詰めに

ABW（Activity Based Working）：仕事内容や気分に合わせて，働く場所や時間を自由に選ぶ働き方のこと。

Covid-19（Coronavirus disease 2019）：2020 年に起こった，新型コロナウイルスによる感染症によるパンデミック。

Agile：英語で「機敏な」「素早い」という意味。

したレイアウトは，表向きの空間使用効率を高めているが，アメニティ
を欠き，知的生産性を高める機会を排除してしまっているおそれがあ
り，ABW や，アジャイル・ワーキングなどの新たな働き方に対応した
働き方が求められているといってよい。

　日本生産性本部によれば，日本の労働生産性（就業者数（または就業
者数×労働時間）1 人当たりの GDP）は，OECD 諸国のなかで最下位
であり，工場ではロボットなどを導入して極限まで生産性を高めている
にもかかわらず，ホワイトカラーが生み出している付加価値生産性，す
なわち知的生産性が他より劣っているため，国全体の労働生産性が劣っ
ているとみることもできる。

　空間のあり方と人間の行動との関係は精確には予測できないものの，
人々の創造性を高めるには，どのような居心地や，コミュニケーション
機会を提供すればよいのか，昨今のパンデミック※を契機とする在宅勤
務の進展も勘案しつつ，さまざまな試行錯誤をしながら，それぞれの組
織，ファシリティにとっての最適解を追求していくことが，FM には求
められている。

パンデミック（Pandemic）：
感染爆発。感染病や伝染病が
全国的・全体的に大流行し，
非常に多くの感染者や患者が
発生することをいう。

(2) サービスの質を高めていくこと

　公共施設では，ファシリティを使うことによるサービスの質・内容を
高めていくことが，人々の活動・営みを活性化させたり，豊かな体験を
もたらしたり，人々にとって何らかの意味のあるコトに活力を与えるた
めには重要になる。

(a)　例 1：病院

　病院については，第一義的には，利用者から見た医療サービスの内
容，質を継続的に向上させていくことが，その業績・成果を継続的に高
めていくことにもなる。なお，ひとくちに医療サービスの内容，質とい
っても，

　　・優秀なスタッフのサービスが受けられること，
　　・最新の医療機器が活用されていること，
　　・外来の待ち時間が短いこと，
　　・入院病棟の食事が美味しいこと，そして，
　　・人生の最後の瞬間を迎えるに足るだけの舞台ともなること，
など，その評価の観点はさまざまであることに留意することが肝要であ
る。

　とくにサービスの受け手がどのような点に重きをおいているのか，ま
た，そもそも見落としている評価の観点はないのか，顧客満足度調査
や，利用者の観察調査などにより検証していかなければならない。

　また，医療機器は日進月歩であり，診療形態も多様化しつつある。そ
れに伴い，入院時の加療方法やアメニティに対する考え方も変化してい

る。そのため医療機器の入れ替え，レイアウトの変更，またそれらをバックヤードで支える設備配管の更新，入れ替えや増設などの対応が求められている。

　加えて，今般の Covid-19 によるパンデミック※を契機にしたオンライン診療の進展など，リアルな空間のサービスからバーチャル空間におけるサービスに移行していくサービスがある一方で，感染症対応の空間や機器を増設するニーズも高まるなど，医療サービスとファシリティのあり方との関係も常に変化しているといってもよい。

　刻々と変化する状況のなかで，医療サービスの内容，質を継続的に向上させていくための FM を導入することが求められている。

(b)　例2：官庁・自治体の庁舎

　官庁・自治体において，業績・成果を継続的に高めていくこととは，行政サービスの質を継続的に高めていくことである。各種窓口サービスを含む行政サービスでは，広い意味でのアクセスのしやすさがサービスの評価項目として重要視されるようになってきている。旧来の役所建築の空間構成をかたくなに守っていては，こうしたサービスのあり方の変化に対応できないおそれがある。

　また，防災拠点としての役割を果たすために，仮に軽微な損傷が起きても，基幹機能の多重性による代替で機能維持・業務継続ができることや，早期の機能回復ができること，また，救援のためのロジスティックスの拠点としての役割を果たすことも求められるようになっている。

　加えて，コミュニティ形成への寄与なども評価項目として重要視されている。

　このように範囲や，内容が刻々と変化する行政サービスの質を継続的に高めていくことに寄与することが FM には求められている。

(c)　例3：大学

　大学において，業績・成果を高めていくこととは，教育・研究の質を継続的に高めていくことである。大学では，双方向の授業，グループ学習など教育方法が改革されつつあり，従来の教室中心の施設構成では対応できなくなっている。

　さらには，2020年に端を発したパンデミックにより起きたオンライン授業の導入を契機に，実空間・サイバー空間の両方を併用した教育が導入されようとしている。

　加えて，研究活動で扱う情報量が飛躍的に上昇しているためにサーバ，メインフレームなどの情報処理・ストック機能をキャンパス内外にどのように配置するのかという課題が顕在化している。

　さらに生命科学の研究の進展とともに，それらの研究に資する特殊環境を作り出す施設や設備も必要になっている。

こうした，刻々と変化する新たな空間利用形態や設備にかかわる要求に応えつつ，教育・研究の質を継続的に高めていくことが FM には求められている。

1-5-4　目標 4　人・組織の業績・成果やそのもつ価値を高めていく

人々にとって何らかの意味のあるコトが賦活されていけば，人・組織の業績・成果やそのもつ価値は，次のような意味で高められていくと考えられる。

（1）業績発展

企業や組織の業績が向上する。

（2）資産価値の向上

企業や組織の保有する資産（asset）の価値が向上する。

（3）安全・レジリエンスの向上

日常的な安全が高まるだけでなく，事故や災害などが起こった際にでも，業務を継続していくことができる（BCP※：Business Continuity Plan）。

> BCP：事業継続計画のこと。

（4）持続可能性への貢献

国連が定めた SDGs※（Sustainable Development Goals）が浸透していることに象徴されるように，持続可能性は，普遍的な価値になっている。言い換えれば，持続可能性に背を向けると，その企業・組織の存立を脅かすことになりうる状況である。それだけに建築をファシリティとして使うことが，将来世代が困ってしまうような環境負荷や空間利用上の制約を生まないようにすることが求められている。

> SDGs：2015 年 9 月 25 日に国連総会で採択された地球規模での共通目標で，17 の持続可能性を高めるための開発目標からなる。

ファシリティを使う局面で，環境マネジメントシステム（Environmental management systems）を導入することは，環境負荷を低減し，環境対策にかかわる費用支出を低減することになり，企業・組織が社会的責任を果たすことに貢献する。

> 環境マネジメント：組織や事業者が，環境に関する方針や目標を自ら設定し，これらの達成に向けて，その組織運営の中で，自主的に環境性能を向上させる取組みを進めていくこと。

省エネルギーの規制はさらに厳しくなるだけでなく，近い将来に，建築から排出される温室効果ガスをゼロにすることが求められるようになると考えられる。このことから，あらゆる手をつくし，ライフサイクルにわたって温室効果ガスの排出を大幅に抑制することは，FM による業務成果にとって重要なことがらになる。

加えて，水の使用量，廃棄物の排出抑制とその処理，そして，働く人々の健康，安全を維持することも，ファシリティの持続可能性にとって極めて重要である。

高まる種々の災害リスク ▶▶▶

種々の災害リスク

　日本は地震国であり，しかも今世紀に入り地震の活動期に入ったといわれている。

　経年の古い建築は，地震外力を現在の技術基準よりも低く見積もって設計していた事例が数多くある。また，建築が倒壊・重大損傷に至るまでに起こる諸現象についても，近年新たな知見が急速に蓄積されている（例：長周期振動による固有周期の長い建築の損傷可能性）。最近の知見にたてば，起こりうる地震で重大な損傷を受ける可能性のある建築が相当量ストックされていると思われる。

　もし万が一，建築が倒壊もしくは重大損傷すれば，貴重な生命・財産が失われるだけでなく，業務も滞り，その企業や法人の存続にかかわる事態が起きる。政府・自治体のファシリティが使用不可になったり，機能支障が生じた場合，救援や復興に大きな悪影響を与えるおそれがある。

　地震による構造体の倒壊・損傷のみならず，津波による破壊・流出，消防力が及ばないほどの市街地大火，天井など二次部材の落下・剥落など，種々の被害が起きえる。

　さらに，近年の地球規模での気候変化に伴う台風・降雨の過激化は，洪水・浸水をはじめとする風水害，土砂崩れなどの発生頻度やその程度を著しく高めている。

　また，2020 年に起きた Covid-19 ウィルスによるパンデミック※（Pandemic）は，今後，感染症によるエピデミック※（Epidemic）や，パンデミックにより，建築・都市の機能を停止せざるを得ない災難が起こりうることを人類に示した。

ファシリティに求められる対応

　地震や，台風・降雨の過激化などによる災害は，エネルギー，水などのライフラインの途絶をもたらし，業務維持はおろか生活・生命維持に重大な影響を与える事態も起こしうる。建築をはじめとするファシリティが，こうした災害外力の高まりに対して，

●生命・財産の維持，業務継続性の確保という観点から見て十分な性能をもっているのか，日常のなかでは見えづらいリスクを評価すること，および

●それが満足すべき水準でないのであれば，性能向上のための必要な措置を講じること，

が，ファシリティの持ち主や，FM の責任者には求められている。

リスク・シナリオを描くことは対処の第一歩

　留意すべきことは，「安全です」といわれるほど不安全なことはない，ということである。災害外力の高まりとともに，絶対安全ということは，政治的発言としてはありえても，技術的にはありえない。事象を確率的にとらえることが技術的思考の出発点である。

　むしろ，リスク・シナリオを種々描いて，方針を定めるとともに被害の軽減・対応への実効性のある準備をしておくことが，いわゆる想定外の事象が発生する確率を減らし，FM の目標 1 を達成する第一歩となる。

　例えば，次のような事項を考慮しながらシナリオを描く必要がある。

●どの程度の災害外力が想定されていて，最新の技術的知見に基づくならば，その想定

の条件内ではどういう事態が起きえるのか？

● その起きえることが，生命・財産の維持，業務の継続という観点から見て，その組織にとっても，社会的にとっても受け入れられる事態なのか？

● また最悪の条件（extreme worst condition）では，どういう事態が生じるのか？

　こうしたシナリオに基づくリスク評価の内容を，ファシリティをとりまくさまざまな利害関係者と共有し，もし現実に，そのような問題が起きた際には，冷静に対処できるように訓練していかなければならない。その際には，災害外力の大きさにあわせて

● 無被害であるべきレベル

● 軽微な被害はあるが，業務継続性が保証できるレベル

● 被害はやむをえないが，生命を維持し，災害復旧性に関心をおくべきレベル，

というように，リスク対応で求めるレベルを多重に設定すべきであると考えられる。

　また，仮に FM が複数のファシリティをまとめて取り扱っている場合は，ファシリティ間の支援・融通・機能補完の方策についても，そのマネジメントの範囲に入れるべきである。免震・制振をはじめとしてさまざまな耐震設計法が普及しているが，最近の知見によれば，さまざまな地震の振動特性に対して得手不得手があるといわれている。だとすれば，グループ内の建築を異なる耐震設計法で設計しておくことによって，どのような特性の地震動が起きても，グループ内のいずれかの建築における業務継続性は維持できる確率を高めておく，というシナリオもありえる。

エピデミック：ある地域で，短期的に感染病が流行すること。

1-6　FM では何をするのか

　以上のように FM（ファシリティ マネジメント）は，複数の目標を掲げ，多方面にわたることがらに目配りして展開する必要のあるマネジメント行為である。

　具体的には，4 つの側面に関連して，**表 1-2** に例示するようなマネジメントが FM には含まれる。その範囲が広範にわたることから，さまざまな専門性をもった人々が系統的・組織的に協働していくことが求められている。

表 1-2　FM が包含するマネジメント例

関連する側面	包含するマネジメント例	マネジメント項目例
側面 1　性能	維持管理マネジメント	点検
		修繕
		性能・機能のモニタリング
	施設のリスクに関するマネジメント	緊急対応
側面 2　経営資源	日常的なオペレーションのマネジメント	人の流れ・滞留
		入退室・防犯
		設備運転（BAS/CMMS）
		安全・防災管理
		交通
		施設内運搬・ロジスティックス
		コミュニケーション・情報通信
		清掃
		施設内の業務支援
	施設のライフサイクルマネジメント	計画修繕・長期保全
	契約のマネジメント	
	情報のマネジメント	
	財務管理	
側面 3　人々にとってのコト	空間配置のマネジメント	
	ワークプレースの運営に関するマネジメント	
	文書管理	
	提供サービスのマネジメント	
	人々にもたらす機能に関するマネジメント	
	変更のマネジメント	
側面 4　組織の成果・業績	資産のマネジメント	
	環境のマネジメント	

1-7 ファシリティのサイバー空間への拡張

　4つの側面にわたってマネジメントしていくためには，それぞれの側面についての状況を的確に認識し，それに基づいてマネジメントを展開していかなければならない。

　建築のなかではさまざまな人が，さまざまに建築を使い，さまざまな活動を展開していて，個人が如何に五感を動員したとしても，建築がファシリティとして，どのように機能しているのか，その全貌を認識することは難しい。偏りのない，俯瞰的な状況把握のためには，データの収集・分析が極めて重要となる。

　これまでは，データの収集や分析は紙媒体で行われてきたが，今世紀になってから，これらの多くはデジタル・データ化された。

　データの収集・分析を統括的に管理することは容易ではなかったが，情報のデジタル化を含む情報通信技術の長足の進歩により，統括的管理が可能になってきた。現在では，**表1-2**のマネジメントに関連した次のような業務は，デジタル化されたデータに基づくソフトウエアで処理されることが大組織などではあたりまえになっている。

- ・予算管理
- ・費用会計（Cost accounting）
- ・資産状況調査・資産登録
- ・発注業務
- ・問題の早期発見と迅速な不具合にかかわる報告
- ・実際に行われた維持管理行為記録
- ・各種のサービスの要望・要求の記録
- ・想定外の事態の記録
- ・業務記録・ログ
- ・運用計画（必要な性能，アクションの洗い出しを含む）
- ・リスクの特定および起こりうる損害の見積もり
- ・法的要求事項の把握
- ・労働安全およびそれにかかわる許認可
- ・計画された維持管理
- ・変更のマネジメント
- ・エネルギー使用量，温室効果ガス排出量の計測・集計
- ・資源消費量の計測・集計
- ・働き方状況分析
- ・空間利用状況
- ・什器・家具・ワークステーションの配置・管理
- ・サービス提供に関するパフォーマンス評価

・サービスを使っている人の体験的評価（User experiences）

　これらの業務を人海戦術で行うことには限界がある。1-5-2 で解説した，FM目標2「用いられる経営資源が有効に使われるようにする」を達成するためには，第3章以降で解説するデジタル化された技術を利活用することが不可欠である。

　意識すべきことは，デジタル化された情報・データの重要性である。図1-7 に示したように，ファシリティを使う，ということは，単にその物理的実体であるハードウエアを使うのではなく，それに附帯した情報・データも使う，ことが必然となっている。ある意味では，ファシリティが実空間だけでなくサイバー空間に拡がっているという見方もできよう。

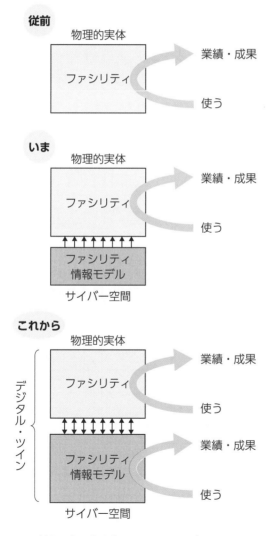

図 1-7　FM の対象は物理的実体のファシリティだけでなく，その情報モデルにまで拡がっている

1-8 組織の枠を超えた取組みの必要性

　FM では，**図 1-4** の 4 つの側面全体に目配りし，手を打っていくことが必要である。

　しかしながら，現状では，企業，法人，役所など組織のなかでは，これらの側面は，それぞれ別の部門が担当している※。例えば，建築がもつ性能（**側面 1**）については営繕部門が，**側面 2** の一部である予算については財務部門が，同じく**側面 2** の一部である人材については人事部門が把握管理し，生み出される業績，成果（**側面 4**）は経営層や顧客部門が管理把握している。といった具合に，バラバラに管理されていることは珍しくない。

※そもそも管理把握されていることすらないこともありうる。

　また，組織が大規模化し縦割り構造となっていくと，そもそも特定のことがらが一元的には把握管理されないことも多々ある。例えば，ファシリティの日常的運用や維持保全にかかっている諸費用を把握しようとしても，**図 1-8** のように，別々の部門によって管理されてしまっているために全体費用の把握が困難であったり，集計がたいへんであることも珍しくない。とくに，情報・データが紙媒体で作成保存されている場合は，組織内の各部門に情報が散在し，部門の枠を超えて集めることは容易ではなく，そうこうしているうちに嵩張る紙媒体を廃棄・散逸してしまうおそれがある。

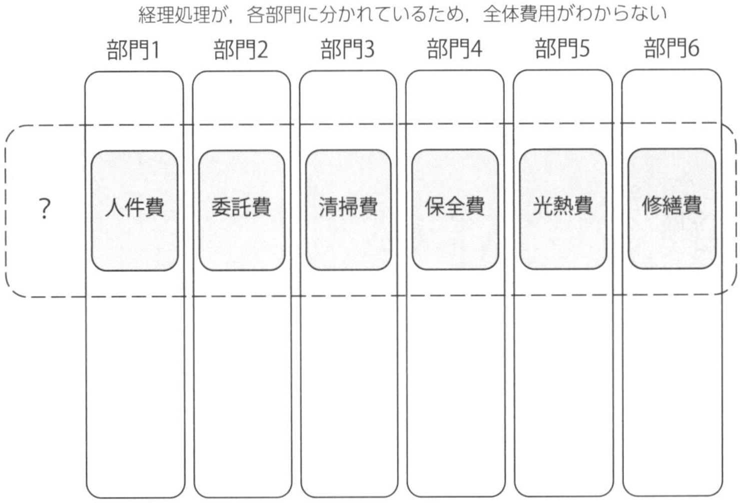

図 1-8　縦割り構造の組織における情報の散在の例

　各側面がバラバラに把握管理されている限り，マネジメントができるとはいいがたい。また，仮に把握されていたとしても，FM においては，あっちをたてればこっちがたたずということは頻繁に起こっている。

　こうした組織状況のなかで，FM を有効に展開していくためには，

　・ファシリティ主：部門を超えて，経営資源の差配について一元的な

　　　　　　　　意思決定をする者
・FM 執行責任者：各側面の把握管理を含め，「主」の意思決定の執
　　　　　　　　行に責任を持つ者と
・FM 専門家：FM 執行責任者を技術的に支援する専門家
という 3 種類のプレーヤーが必要となる。

　これらのプレーヤーの役割については，**第 2 章 2-2** で説明する。

COLUMN
コラム　マクロな観点から見た FM の意義

　いま，日本には，約 90 億平米の建築がストックされている（2018 年度　固定資産の価格等の概要調書）。これらの約 90 億平米の建築ストックが物理的劣化や陳腐化し，刻々変化する建築への要求条件への間尺があわなくなっていくことに対して，何らかの手を打っていく必要がある。

　最近までは，日本における「手を打つ」とは，旧い建物を壊して，新しい建築に建て替えることを意味していた。劣化・陳腐化して，間尺にあわなくなった建築は，建て替えて刷新すればよい，という感覚が世の中を支配していたように思われる。

　しかしながら現在では，その感覚では対処できない状況となっている。日本の 1 年間の新築建築量は，約 1 億 1,947 万平米弱（2022 年建築着工統計）程度である。1990 年のいわゆるバブル経済期には 2 億 8 千万平米も新築していたが，今世紀に入ると 2 億平米の大台を割り込み，2010 年代になると 1 億 2 千万平米〜 1 億 5 千万平米の間を推移し，2020 年代になると，その水準を割り込むきざしを見せてきた。建設技能技術者の不足による昨今の建設物価の高騰や，人口高齢化や GDP が横ばいであることなどを考慮すれば，現在の日本の建築生産力が概ね 1 億 5 千万平米を越えることはないと見ることができる。

　ストックと新築の割合は，90 億平米÷1.5 億平米＝60 であり，仮にいまの建築生産能力すべてを投入しても，その全更新には 60 年かかることを意味している（もし，建築生産能力が年に 1.2 億平米であると，75 年となる）。

　「劣化・陳腐化して間尺にあわない建築は，建て替えて刷新すればよい」という考え方を改め，約 90 億平米の建築ストックを，少しずつ手を加えながら，うまく使いこなし，現実の物理的劣化・陳腐化や，社会経済の動きに対処していくことが求められている。

　このような日本のマクロな状況を勘案すれば，建て替えに頼ることなく，建築ストックと要求条件とのズレを縮小しつつ，「正のスパイラル」を起こすという FM を普及させ，展開していくことには大いなる意義があることがわかる。

第2章　FM実務のあらまし

2-1　FMのプロセス

　第2章では，ファシリティ マネジメント（FM）のプロセスの概略を描くことで，その実務のあらましを説明していく。そのプロセスは一直線のプロセスではなく，図2-1に示すような，循環的なプロセスである。

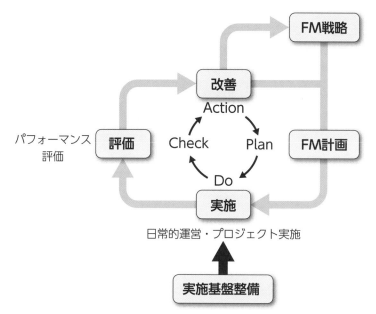

図2-1　FMの業務プロセス（ISO 40001：2018を参考に作成）

　すなわち，図2-1に示すような，いわゆるPDCA※（Plan Do Check Action）サイクルでFMの業務を継続的に回していくことが望まれる。まず，FM戦略が立てられたうえで，これをもとにFM計画が策定される。FM計画をもとに，ファシリティの日常的運営や，劣化・陳腐化・ニーズの変化に対応する改修工事などのプロジェクトが実施される。また併せて，実施を支えるような情報システムなどの実施基盤が整備される。それらをもとに，そのファシリティが，人々のコトづくりや，組織の業績・成果に役立っているのかそのパフォーマンスが評価され，これをもとに改善策が練られる。この改善策をもとに，FM戦略，FM計画が見直され，改訂される。

　なお，これらのプロセスは，ファシリティ主の意思決定・承認・差配のもと，FM執行責任者（2-2-1，2-2-2参照）が，必要に応じて，組織内外のFMにかかわる専門家の支援を受けつつ，建築・設備の運営

PDCA：業務の効率化をめざす方法の1つ。

図2-1には，PDCAの次のステップになりうるとされるOODA（Observe Orient Decide Act）の要素も含まれている。
すなわち，パフォーマンス評価はObserve（観察）であり，FM戦略はOrient（状況判断，方向づけ）にあたり，FM計画はDecide（意思決定），実施基盤整備および日常的運営・プロジェクト実施はAct（行動）と解釈することもできる。

者・管理者を束ねて実践するプロセスである。

　以下に述べることがらは必ず誰かがやらなければならないことであり，誰が行うのか，という担当を明確にし，指命・命令・委託などの具体的行動をとらないと，この章に記載されていることは，絵に描いた餅に終わってしまうことに留意しなければならない。

　以下，**図 2-1** に表れた業務項目の内容の概要を説明する。

2-1-1　調査に基づいた FM 戦略の設定

　FM 戦略設定のポイントは，徹底した優先度づけである。というのは，ファシリティが目的とするところ（コト，成果・業績）は，それを使う人・組織によって千差万別である一方で，それに供される建築，設備，場所の特徴も個々別々であり，しかも投入できる経営資源は有限であるからである。

　戦略設定にあたっては，ファシリティとしてその建築が，

- 使う人々に，どのようなコトをもたらそうとしているのか（第 1 章で説明した FM **側面 3**），
- 使う組織に，どのような成果・業績を生み出そうとしているのか（**側面 4**），

を確認，明確化する。そのうえで，

- そのコト，成果・業績の成就に関連の高い，制約要因ともなる建築の性能にかかわることがら，リスクは何か（**側面 1**），

を同定する。そして，

- それらのことがらに対応するにはどのくらいの経営資源がいるのか（**側面 2**）を見積もる。

　こうした一連の確認・明確化，同定，見積りのプロセスが，FM の任にあたるファシリティ主や，FM 執行責任者の独善になってはならない。そのファシリティについて，誰が何をやっているか，どうかかわっているかを把握したうえで，これらの関係者の認識や期待・希望も踏まえるべきである。

（1）準備調査

　FM 戦略の設定に先立ち，FM の 4 側面に則して，さまざまな情報・データを収集・分析し，その現状を把握する必要がある。具体的には，次のような準備調査をするとよい。

（a）関係者の意向調査（4 側面すべてに関連）

　1 つには，建築のファシリティ主となる建築の所有者をはじめとして，その使用者・運営者など関係者への聞き取りなどにより，それぞれの関係者にとってのコトが何で，どのようなことがらに関心や，利害をもっているのかについて情報を集め整理することになる。

　FM の対象が既存の建築である場合は，それぞれの関係者は，それぞれの活動，生活を通じて，どの成果・業績，コト，建築性能，経営資源が著しく重要であると認識しているのか，その切実度，重要度も含めて情報を収集することが戦略設定のためには肝要である。

　また，災害など非日常的な状況として，どのような事象を想定していて，どのように対処するとよいと考えているのか，その意識についても情報が収集できるとよい。

(b)　建築の現状分析（側面 1，側面 2 関連）

　図面などの空間情報，維持管理記録，現場調査などから，その建物の物理的様態や性能・品質の現状を把握する。また，収支簿などから，光熱費がどのくらい使われているか，建築の運用費用や，設備の運転点検を含めた保全にどのくらいの資金が使われているかなどファシリティに投じられている経営資源を集計する。加えて，法令適合のために，どのようなことを，いつ，どのように行い，どの官署などに報告などをしなければならないかについても情報を集め，整理する。

北見恭子，野城智也，馬郡文平，森下有。三次元スキャンを用いた大規模複合施設の外構再計画に関する研究。第 31 回日本建築学会建築生産シンポジウム論文集 pp89 – pp94

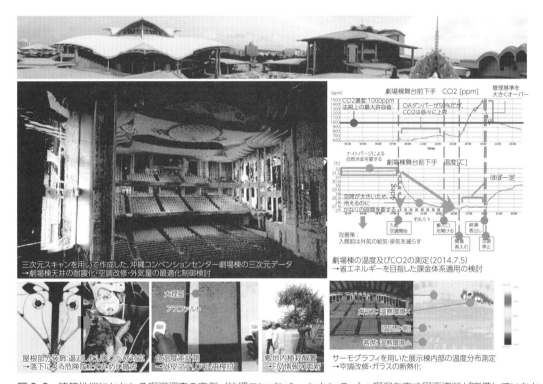

図 2-2　建築性能にかかわる現況調査の事例（沖縄コンベンションセンター）：現況を表す図面資料が完備していなかったため，三次元スキャナーによる形状計測や，各種センサー類を設置したデータ収集などにより，FM の前提となる各種情報の収集・整理を行った事例（デジタル化による情報の収集整理については第 3〜5 章参照のこと）。
　　調査当時，築 28 年を迎えた沖縄コンベンションセンターでは，老朽化やニーズの変化などから生じる機能低下により，利用の不便を引き起こしたり，施設のメンテナンスに多額の費用がかかる事態を招いており，より効率的かつ効果的な改修による機能向上を図る必要性に迫られていた。東京大学生産技術研究所 野城研究室は，（財）沖縄観光コンベンションビューロとの共同研究を実施し，さまざまな問題箇所の改善，および改善に必要な情報の生成を通して中長期 FM のための手法開発を行った。

(c)　建築の使われ方分析（側面3　関連）

　既に使われている建築をFMの対象とする場合は，観察や，画像記録，IoT機器の運用データなどから

　　・施設がどのように働いているのかの測定・分析

　　・人々の利用様態

を把握する。とくに，人々にとってのコトは，その心理的内面にもかかわることであるので，そのファシリティでどのような機能や便益が提供されているのか，それを人々がどのように受け取っているのかを評価することが必要である。よく用いられるのは次のような手法である。

　　・入居後評価（POE：Post-Occupancy Evaluation）

　　・サービスに関するレビュー

　　・ユーザーによる評価・レビュー

　　・運用にかかわる運用状況分析

　　・財務分析

　　・人員配置・人材活用に関する分析

　　・性能・成果目標とその達成に関する評価

> POE：日本語では，入居後評価とも呼ばれることもある。事務所の改修，移転後，入居者が機能や環境をどう評価し，どの程度満足しているか調査することで，改修・移転の改善効果を測定するための手法。

　業務系のファシリティであれば，人々の働き方と，設備の空間配置との関係についても現状を把握していく必要がある。

　いずれにせよ，空間計画と使われ方の把握は，人々にどのような内容のコトをどの程度もたらしているのかを推定するうえで重要である。

(d)　組織の成果・業績分析（側面4　関連）

　組織にどのような成果・業績をもたらしているのか，ファシリティの目的に則して把握する。例えば，営利企業であればその企業の業績や生産性，医療施設であれば提供している医療サービスの質・量，大学であれば教育・研究の成果，スポーツ施設であれば利用実績ということになる。

　なお，その組織がある特定目的をいたずらに探求することにより，例えば，1960～70年代の公害のように，社会に対して悪影響を与えることも多々ある。業績分析には，例えば，温室効果ガスの排出をどれだけ抑制しているのかなど，どれだけ社会的責任を果たしているのかという観点も含まれていなければならない。

　以上の，（a）～（d）の調査の枠組みは，**図2-1**のプロセスを動かした結果のパフォーマンス評価（**2-1-4**）でも準用するとよい。

(2)　優先度づけによる戦略の設定

　以上のような準備調査の結果，挙がってくるFMで取り扱うべきことがらは，決して少なくない。一方，FMに携わる人員や資金には限界がある。

　そこで，「どのことがらからFMの対象にしていくのか，実行する順

番の優先度づけ」をすることが求められる。

　その優先度づけの前提となるのが，ファシリティは，いかなるコトを
もたらし，いかなる成果・業績を生むことを目的にしているのかという
FMの基本目標を，ファシリティ主，およびFM執行責任者が明確に定
めることである。

　言い換えれば，準備調査，とくに関係者の意向調査を踏まえ，使い手
や利害関係者の期待・要望，企業・組織のコア・ビジネスを勘案しつ
つ，ファシリティを使うことによって，いかなるコトをもたらし，いか
なる業績・成果を得るのか，基本目標を明確化する。ここで，明確に定
める，とは，曖昧な口頭での伝達ではなく，その基本目標を文書化して
関係者が適宜参照できるようにしておくことを意味する。

　この基本目標を参照しながら，ことがらの実行順番の優先度を決めて
いく。その優先度づけにあたっては，いろいろな考え方がありうるが，
例えば，次のような観点が考えられる。

　　・人々にとってのコトや，組織の成果・業績を損なう重大性や，緊急
　　　性がどれだけ高いか？　ここでは，安全性の確保，災害対応，気候
　　　変化への対応など，社会からの期待や社会的責任が果たし得ないこ
　　　とも，コトや成果・業績を損なうことがらとして併せて考慮する。

　　・着手してから効能を表すために，どのくらいの時間を要するのか？
　　　リードタイムの長いことがらは，経営資源制約のなかでも，何らか
　　　の布石を打つことが望まれる。

　　・人員，資金など投入できる経営資源の内容・量は？

　以上の観点に加えて，FMに用いるシステムを，どのように構築，拡
張していくかという観点も肝要である。第3章で解説するように，FM
にとって，データを収集分析し，そこから得られた知見を適用すること
は重要で，今後，その重要性はますます高まっていくと想像される。現
在進行するデジタル化技術の活用（デジタライゼーション）※は，あら
かじめ，システムの拡張性を意識して，そのシステム構成
（Architecture）を工夫しておくことによって，あることがらを対象に
して構築したシステムを，他のことがらを対象にしたシステムにも適用
できる可能性を高めている。例えば，温度センサーや照度センサーを配
置して，防災緊急対応をするために構築したシステムから収集されたデ
ータは，空調運転や開口部の開閉制御をするシステムにも準用できる。
また，そうしないと，防災関係で類似のセンサーを別々に設置するとい
う，室内環境関係の二重投資になってしまう可能性もある。また，すぐ
には，着手しないが（できないが），将来は構築・導入・拡張しやすく
しておく，という，言い換えれば段々と構築していくという発想もFM
のシステム構築には求められる。

デジタライゼーション：デジ
タル化されたデータをもと
に，アプリケーション・ソフ
トウェアを活用し，知識・情
報を提供したり，機器などを
運用・制御すること。

(3) FMの組織・プロセスに関する基本方針の策定

優先度づけにより設定された戦略に従って，そのプロセスを担う組織・チームの構成，求められる能力・役割，能力構築方法など，組織だてについて基本方針を定める。

2-1-2　FM計画

FM戦略を踏まえ，その目的を達成し，関係者のさまざまな要望に応えるには，具体的にどのようなプロセスで何をするのかを計画していく。

計画にあたっては，とくに次のような事項に留意する必要がある。

(1) 目標とするパフォーマンスの設定

計画に先だち，FMの対象となるファシリティの用途や，その使い手や利害関係者の期待・要望，企業・組織のコア・ビジネスを勘案しつつ，FMにより達成すべき機能・役割やことがらの働き具合（＝パフォーマンス）の目標を設定する。すなわち，優先度づけに基づいて設定された戦略に基づき，優先的に取り扱うことがらを考慮して，目標とするパフォーマンスを設定する。具体的には，次のような範疇のパフォーマンスを設定する。

> パフォーマンス：人や組織，場所などがある目的（業務，活動）について，どのくらいよく働いているか，その働き具合の程度。

・建築・設備の性能にかかわるパフォーマンス
・経営資源の使用にかかわるパフォーマンス
・ファシリティを使うことによる業績・成果のパフォーマンス

そのうえで，それぞれのパフォーマンスについて測定尺度・評価尺度を定義し，FMで参照するインジケータ（指標）を定める。設定されたインジケータは，**2-1-4**で説明するパフォーマンス評価で用いる。

(2) 日常的運営に関する計画

ファシリティの用途，関係者の要望・要求条件を勘案し，設定された建築性能のパフォーマンス目標をどのようにして維持向上させるのか，そのプロセスと関係者の役割分担を計画する。加えて，日常的にどのようにパフォーマンスをモニターするのかその測定方法を定める。

並行して，日常的なサービスをいかに提供するのかを立案する。ここでいうサービスには，食事サービス，記録管理，複写，交通，郵便サービスなど一般的な業務支援（Business Support）サービスや，ネットワーク通信環境の提供，セキュリティ管理などを含む。目標とするサービスの達成度合いを，業績・成果に関するパフォーマンス・インジケータを用いて定める。仮に業務を外部委託する場合は，受託者との間でとりかわすべき，サービス水準についての明確な合意（SLA：Service Level Agreement）案を作成する。加えて，可能な投入経営資源量の上限をパフォーマンス・インジケータを用いて設定するとともに，これらの設定された目標を組織内や関係者間でどのように共有するのかについ

ても立案する。

　また，ファシリティの日常的運用にかかわるそれぞれの業務について，誰がどのような権限をもちリーダーシップをふるうのか，誰がどのように関与するのかも定める。

(3) ファシリティの中長期的使用に関する計画

　中長期間にわたって，ファシリティが目標とするパフォーマンスを発揮するためには，どのように維持保全していけばよいのかを計画する。立案にあたっては，改修，設備の更新・アップグレード，内部空間模様替え，組織変更への対応，引っ越しなどのプロジェクトが，ファシリティの供用期間にどのように起こるかを想定したうえで，それぞれのプロジェクトにおけるマネジメントの方針も定めていく。また，ファシリティの中長期的使用に関する計画の達成状況をモニターしていくためのパフォーマンス（特に業績・成果）の計測・評価方法と，そのモニタリングの方法も立案する。

　加えて，中長期間にわたるファシリティの使用にかかる費用の予測・分析をしたうえで，不動産資産管理をどのように行っていくかの基本計画を立案する。例えば，余った公共施設に代表されるように余剰用途もあれば，一方では，保育施設や高齢者用施設のように深刻な不足をしている施設もある。どのような施設を保有・保全し，賃借し，オフバランスするのかという財務戦略とも関連づけながら，施設保有を最適化していくとともに，余剰した施設の用途の転換を戦略的に図っていく。

2-1-3　日常的運営

　FM 計画をもとに，建築の性能を要求水準以上に維持・向上させつつ運用し，人々の満足度を高めていく。これらの日常的運営が円滑に進んでいくには，FM に関して一元的な権限をもっている「ファシリティ主」や，FM 業務執行責任者のリーダーシップが必要である。

　日常的運営の実施には次のような業務が含まれる。

(1) サービスの実施

　FM により，ファシリティの使い手の業務成果を向上させるサービスを提供する。ファシリティを使う人々と良好な関係を保ちながら，食事サービス，記録管理，複写，交通，郵便サービスなどの一般的な業務の支援（Business Support）サービスや，セキュリティ管理，ネットワーク・サービスなどを，まとまりよく提供する。

　提供にあたっては，提供するサービスの水準にかかわる合意（SLA：Service Level Agreement）を，使い手との間で締結するとよい。また，これらを FM の実行主体だけで行うのか，外注するのか，また外注したサービスがバラバラになって齟齬が生じないようにするには，ど

うしたらよいのかを考慮する。

（2）運用管理

　人員の配置，委託先・調達先の選定と契約，システムなどの導入・更新をしたうえで，空調機器等の運転，エレベータの運行，防災機器や防災センターの運用を管理する。併せて，使い手や「ファシリティ主」などと意思疎通しつつ，運用にかかわる諸業務の進捗を管理するとともに，その予算管理・品質管理も行う。

（3）維持保全

　清掃，設備の維持保全，法令等による点検，設備部品・照明機器の交換，建築各部位の破損・劣化の有無の確認，室内環境測定などにより，ファシリティとしての建築の性能を要求水準以上に維持・向上させていく。また，設備，内装，什器，機器やそれらの要素・部品などを必要に応じて，移動，交換するとともに，その維持保全履歴を記録として残しておく。

2-1-4　パフォーマンス評価

　FM計画で定められた計測方法により，継続的・系統的にデータを蓄積し，集計・分析し，**2-1-2** のFM計画で設定したパフォーマンス（＝ファシリティを使うことによって得たコトの進み具合）を計測・評価する。

　FM計画で設定された基準・標準（ベンチマーク※）に基づき，評価結果が，FM戦略，目的，要求性能を満足しているかを検証する。この検証にあたっては，場合によっては第三者の監査を導入する。

> ベンチマーク：あることがらについて，測定したり判断をするために用いられる標準・基準。

2-1-5　改善

　2-1-2 のFM計画で述べたように，設定されたFM戦略に基づいて，そこで優先度が与えられたことがらを考慮しながら，管理対象を明確にして，維持すべき性能水準について合意し，必要に応じて予めKPI※（Key Performance Indicator）を設定しておく。状況調査を踏まえてファシリティの目的にそぐわないことがないかを検分する（2-1-4　パフォーマンス評価）。

　パフォース評価をもとに，目標，目的，要求条件への不一致やズレを確認し，目標との差異に関する要因分析などを行って，その原因を把握し，改善すべき点を特定する。そのうえで，

> KPI：組織の重要な業績評価の指標をさす。組織の達成目標をKPIを用いて設定することで，目標の達成具合の動向について共通認識を形成することができる。

　① どのように改善するのか，その範囲内容を決め，
　② 具体的な方法を検討し，考えられうる選択肢をあげ，
　③ 予算などさまざまな経営資源を考慮したうえで選択肢を絞り込み，
　④ 改善を実行する
ということになる。

　先手先手を打って，戦略的・能動的に改善措置を実施することが重要である。

2-1-6　プロジェクトの実施

　FMは長期間にわたるマネジメントであり，ファシリティが要求性能を満たさないのであれば，使えなくなるのであるから，その機能を維持するための手立てをする。また，ライフサイクル（ファシリティの供用期間）のなかで刻々と変わる要求条件に対応して，**図 2-3** に示すように，継続的に適合するためのアクション（カスタマイゼーション※），すなわちプロジェクト（ある特定の目的をもった有期の活動）を実施することになる。

> カスタマイゼーション：ある人，あることに適合するように調整・変容されること。

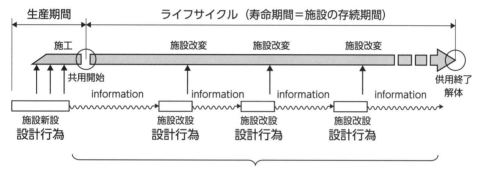

図 2-3　ライフサイクルのなかで刻々変わる条件に対応し，継続的に改変していく

　具体的には，ファシリティのライフサイクルのなかで，次のようなプロジェクトを実施する。

- 不動産取得および処分
- ファシリティの賃貸借
- 建築新築・改修
- 設備の更新・アップグレード
- 内部空間模様替え，執務仕様による新たなワークプレース※づくり
- 組織変更への対応
- 引っ越し（建築内部への移動，他の建築への引っ越し）

> ワークプレース：働くための場所，環境。

　なお，プロジェクトの実施には必ずリスクが伴う。それぞれのプロジェクトにはどのようなリスクがあるかを特定・評価したうえで，誰がそのリスクを負い，誰がどのように対処していくのか，リスク・マネジメントのプロセスを想起しつつ，チームを編成し，各メンバーと契約をす

る必要がある。

2-1-7　FM戦略，FM計画の改訂

　以上のプロセスを踏まえ，FM戦略を見直すとともに，KPIを見直すなどFM計画を改訂する。このような一連の改善措置や，見直し，改訂について，関係者に周知，意思疎通して共通認識を形成する。

　こうしたプロセスを経て，継続してFMにかかわるパフォーマンスを改善し，人々にもたらすコトを充実させ，組織の成果・業績を高めていく。

2-2　FM の組織体制

第 1 章の 1-8 で，FM には，以下の 3 種類のプレーヤーが必要であることを述べた。

- ・ファシリティ主：部門を超えて，経営資源の差配について一元的な意思決定をする者
- ・FM 執行責任者：各側面の把握管理を含め，「主」の意思決定の執行に責任をもつ者
- ・FM 専門家：FM 執行責任者を技術的に支援する専門家

図 2-4 は，これら 3 種類のプレーヤーの役割と位置づけを表している。組織やファシリティが小さい場合は，これらの役割が兼任される。また，FM 執行責任者が FM に関する知識・経験を十分にもっている場合は，FM 専門家を兼任することもある。そうでない場合は，その組織の内部または外部から FM 専門家が登用されることになる。

図 2-4　ファシリティ主，FM 執行責任者，FM 専門家の
　　　　役割と位置づけ

以下，3 種類のプレーヤーの役割を概略説明する。

2-2-1　ファシリティ主の役割

　ファシリティ主は，組織内部の部門の枠を越えて，FM の 4 つの側面すべてを統括して意思決定し差配できる権限をもった人を指す。一元的な権限をもって，部門をまたいで情報を集約し，経営資源を差配することで，FM の業務プロセスが機能していくことを統括する役割を担う。

　組織のトップや，企業の役員，法人の理事，自治体の副市長・助役などが，ファシリティ主を担うことによって，一元的な意思決定と執行がなされることが望まれる。

ファシリティ主には，例えば，下記のような俯瞰的な観点から現状を把握し，FM 戦略や FM 計画の策定を主導し，その実行に必要な経営資源の差配について権限を行使していくことが求められる。

・ファシリティがどのような業績・成果やサービスを生み出し得ているのか？

・利用者や第三者に対する危険性や潜在的リスクをどれだけはらんでいるのか？

・災害時など非常時に業務継続などができるように，まがりなりにも機能を維持できるのか？

・社会的期待や社会的責任を満足しているか？

2-2-2　FM 執行責任者の役割

FM 執行責任者は，英語では Chief Facility Officer（FM 統括マネジメント役）ともいうべきプレーヤーであり，例えば，担当部長・担当課長などがあたる。

FM にかかわるさまざまな知識や経験をもつことが求められるが，必ずしもそうした能力をもつ者が，組織内にいるわけではない。その場合は，FM 執行責任者の業務を技術的に支援できる組織外の専門家に支援・代行を委託するべきである。

2-2-3　FM 専門家の役割

FM 専門家は，英語では Facility Manager にあたる。ファシリティ主，FM 執行責任者からの負託を受けて，FM の業務プロセスを進めていく役割を担う専門職である。

建築設計，施工管理，プロパティ・マネジメントやプロジェクト・マネジメントなどにかかわる専門的な能力，知識も求められる。例えば，ファシリティの目的，規模を含む諸条件にあわせて，業務委託契約などを取り結びつつ，FM を実践していくための適切なチームを編成していくことも求められる。

国際ファシリティ・マネジメント協会（IFMA※：International Facility Management Association）や日本ファシリティマネジメント協会（JFMA※）では，FM 専門家に**表 2-1** に示すような能力が求められるとされている。

なお，FM 専門家を探すにあたっては，FM 専門家としての資格保有者が選択の対象になりうる。日本では，日本ファシリティマネジメント協会が Facility Manager の資格付与をしている。世界各国でも Facility Manager の職能団体などが資格付与団体として活動している。

IFMA：1980 年 5 月には，米国でファシリティ・マネジメント協会が設立されている。この協会は，1981 年には国際ファシリティ・マネジメント協会に改称され，外国人メンバーを受け入れ始めた。
IFMA は，現在では，130 の支部をもち，94 ヵ国 24,000 人の会員を擁している。

JFMA：日本では，1987 年 11 月に日本ファシリティマネジメント推進協会が設立され，現在は，公益社団法人日本ファシリティマネジメント協会（JFMA）として活動している。IFMA，JFMA は，ファシリティ・マネジメントの経験知を蓄積し，その知識体系を発展させてきた。

表 2-1　FM 専門家に求められる素養

- コミュニケーション
- 緊急対応や業務継続性のための対処
- 環境および持続可能性管理
- 財務および業務への理解・段取り
- 人的要因への対処
- リーダーシップおよび戦略眼
- 運用および維持管理
- プロジェクト・マネジメント
- 品質管理
- 不動産および資産マネジメント
- 技術的知識および対処

2-2-4　FM 実践のための体制づくり

表 2-1 の要件を満たす人材が，組織内にいるとは限らない。いない場合は，FM 専門家の役割を組織外の FM 専門職に委託することが望まれる。このような FM 専門家への外部委託は，FM 執行責任者の重要な役割である。

FM 執行責任者，FM 専門家は連携して，FM が効果的・効率的に遂行できるような体制を整備し，継続的に更新していく。とくに，次のような観点は重要である。

(1)　仕組みの継続的改善

第 2 章冒頭の図 2-1 に示したように，循環プロセスを繰り返しながら，ファシリティのライフサイクルのなかで，組織，体制，仕組を継続的に改善していくことが，FM には求められる。

ファシリティの規模が大きくなると，運営・運用には，多様な人々が関与する。少人数のチームであれば，頻繁に顔合わせをする濃密なコミュニケーションにより培われていく以心伝心で，運営・運用していくことができる。しかしながら，FM に関与するチームのメンバーが増えていくと，以心伝心によるコミュニケーションに過度に依存すると，どうしても漏れが生じたり，一貫性・整合性が欠けたり，連携での齟齬が生まれてしまうおそれが増大する。

こうした事態を防ぐために，標準，規則，マニュアルなどを整備する。ただし，これらは，固定的なものではなく，刻々変わる社会，経済，技術，環境のなかで，図 2-1 のプロセスに則って実践で得た経験知を踏まえ，継続的に改善されていかなければならない。

（2）リスク対応強化

　ファシリティの使用にはさまざまなリスクが伴う。どのようなリスクがあるのかをリストアップし，それらが現実化した場合は，どのように対処するのか，その方針を，予め準備しておかなければならない。

　次の方針がリスク対応の向上，強化につながる。

・ファシリティの日常的運用における健康，安全を支えるシステムの開発導入
・発災時の，業務継続可能性の向上に資する仕組みの準備

（3）DX に対応した組織体制の構築

　以上述べてきた FM のあらましから推察できるように，FM の業務にはさまざまな情報が不可欠である。情報の欠損は支障を生むだけでなく，情報の収集や集計に膨大な人手がかかると人件費が費消する。また，収集・集計・分析でミスも起こりやすくなる。

　例えば，ファシリティの用途によっては，人の行動管理（Behavioural management）が重要であるが，工夫しないとその管理に多くの人手が必要になってしまう。

　どのような情報が FM に必要であるのかを整理したうえで，文書，帳票，センサーによるデータ蓄積などを利活用することが肝要である。そのためには，ICT を活用し，さまざまな運用データを一元的に収集，集計できるようなシステムを導入するなど，FM にかかわる情報管理システムを構築・運用し，継続的に改善していくことは重要である。

　第4章では，FM における DX[※]（Digital Transformation）を取り上げる。DX は，単なる情報・データのデジタル化（Digitization），革新的なデジタル技術の利活用（Digitalization）を超えた，組織のあり方や物事の進め方の変革により，従前とは一線を画するような大きな便益や革新を生み出すことを意味する。さまざまなソフトウエアの開発で，FM 業務における革新的なデジタル技術の導入・利活用は進んでいくことが予想される。

　しかしながら，それらの導入・利活用と並行して，業務の手順，承認・意思決定のあり方，記録の保存・検証のやり方を主体的に改革していかないと，その情報管理システムの活用によって，意思決定の精度の向上，首尾一貫性の確保，およびそれに伴う各経営資源使用の最適化をすることはできない。すなわち，FM の成果の品質と精度を向上させるような DX を実現することはできない。デジタル技術の導入と，組織のあり方，分担のあり方，手順の改革をあわせることで，はじめて DX が実現すると認識すべきである。

　なお，ICT による情報管理システムは，関係者の共通認識醸成にも寄与するが，そのためには，それぞれの関係者がどこまでの情報にアク

DX：デジタル技術の利活用・普及により，これまでの仕組み・やり方が根本的に変革されること。

セスできるのかを設定し管理することも必要である。そうでないと，情報の共有が，起きてはならない情報漏洩によって損なわれてしまうおそれもある。

　現代社会では，情報セキュリティへの脅威は日々高まっており，適切なアクセス権の設定に基づく対策をとっていかなければ，組織の存亡にかかわるような大きな損失が生じることにも留意し，組織体制を整えていかなければならない。

第3章　FMのためのシステムづくり

　前章までに述べてきたように，ファシリティ マネジメントには，施設やその使用状況に関するデータ・情報が必要である。データ・情報がない場合には，まさに暗中模索，状況・経緯が精確にわからないままに，コトを進めざるを得なくなり，無駄な費用や時間を費やしてしまうことになる。このような状態は，

　　・経営資源を有効に使えない

という，FMの**側面2**での問題を生むだけでなく

　　・建築の性能を正確に把握できない（**側面1関連**）

　　・人々が望むコトをもたらすことを制約する（**側面3関連**）

　　・成果・業績を損なう（**側面4関連**）

といったように，FMの4側面それぞれに悪影響を及ぼす。

　そうならないようにするため，本章では，FMにとって情報の重要性を再認識したうえで，現実の制約のなかで，どのような考え方で，情報にかかわるシステムを整えていけばよいのかを解説していく。

3-1　情報の重要性

　1章1-7でも述べたように，FMにとって情報は，人にとって血液のような存在である（参考文献B. Atkin）。情報が巡ることによって，FMは動いていく。途絶えれば滞り，さまざまな支障が生じることになる。いわば，情報が不十分だと無理が生じることになる。

　FMのさまざまな局面で，例えば，**表3-1**に示すような情報が利活用されている。これらの情報は，ファシリティのライフサイクルにおいて展開する多様な活動に関与するさまざまな主体それぞれが，自らの目的で作成し生成させている情報である。

　これらの情報・データは，FMにとって有用である。しかし，それぞれの組織・部門内部で別々に保有・管理されていたままでは，他の関係者が利活用する機会は乏しく，やがて散逸してしまうことも珍しくない。

　とくに，紙媒体の情報・データの場合，保管場所が限られているために廃棄されてしまう可能性は高い。また，しまいこんでしまって，何処にあるかわからず，ないも同然ということもしばしば起きうる。

参考文献B. Atkin

Brian Atkin：Adrian Brooks Total Facilities Management, Wiley-Blackwell; 2009/7/20, ISBN-10：1405186593< ISBN-13：78-1405186599

表 3-1　建築のライフサイクルで生成・利用される情報例

- 建築の設計図面類（建築の物理的状況に関する情報，仕上げに関する情報を含む）
- 建築で使われる部材・部品の製造図面
- 施工図書
- 設備系統図
- マニュアル，作業手順書
- 見積書，請求書，帳簿
- 資産管理台帳
- エネルギー使用量・費用にかかわる記録
- 部門への空間の割り当て管理・記録
- 入退室記録
- 設備などの運転記録
- 設備などの日常点検記録
- 維持保全にかかわる帳票類
- 修繕・交換記録
- 改修工事プロジェクト関連図書など

3-1-1　紙媒体情報の扱いづらさ

　いまでもなお，施設やその使用状況に関する少なからぬ割合の情報は，紙媒体に記録されストックされている。日常管理・運営の現場に携わる人々が，情報・データのデジタル化や，情報技術の利用に馴れていなかったり，慣行上いままでの紙での記録・やりとりから離れられない，といった事情も絡んでいると想像される。

　紙媒体は，保管場所の空間容量制約によって，捨てられてしまう可能性がある。また，仮に保管されていても，綴じ込まれた紙媒体のなかから，必要な情報を抽出し整理することは，多くの人手を要し容易ではない。また，見つけ出したとしても，それが最新の状況を反映したものであるかも判然としない。これらの問題は，次のように整理できる。

（a）そもそも情報・データがない

- ・作成・収集していない
- ・散逸してしまっている
- ・情報を掘り出すのに手間がかかる（事実上，ないに等しい）

（b）情報・データが信用できない

- ・状況が常に変わっているのに，いつの情報かわからない
- ・情報作成から長期間経っていて，現状を表しているかわからない
- ・誰がどのように作成したかがわからない

（c）情報・データの利用に多大な手間がかかる

- ・情報どうしを関連づけるのに手間がかかり，集計，分析に時間がかかる

こうした点が，紙媒体に記された情報の扱いづらいところである。

3-1-2　デジタル化への期待

　情報・データのデジタル化（デジタイゼーション：Digitization[※]）により，それらを利活用しやすくできる可能性は高まっている。**表 3-2**に示すように，さまざまな紙媒体の情報の制約をとりはらうことで，その扱いづらさを改善させることが期待できる。

デジタイゼーション：情報・データを離散的な値の集合として（多くの場合は二進数で表現されたデータとして）表現すること。

表 3-2　情報・データのデジタル化による制約の改善

	紙媒体に記録された情報・データ	デジタル化された情報・データ（Digitization）
1. 保管容量	紙媒体の保管空間の容量が保管できる情報量を制約	保管容量は物理的空間容量には事実上制約されない
2. 情報・データ入力手間	人が筆記用具を用いて入力する。従前のデータ・情報の再利用のための転記でそれなりの手間がかかる	センサー・計測器を活用した自動入力も可能。従前のデータ・情報の再利用がしやすい
3. 更新性	いちいち更新しなければならない面倒くささが，最新状態に更新し続けることを阻害	センサー・計測器とプログラムソフトウエアを組み合わせた仕組みを導入することで自動更新も可能
4. 検索性	うず高く積まれた紙媒体から，必要な情報を見つけ出すのには手間がかかり，見つからないこともある	プログラムソフトウエアによる迅速な検索が可能
5. 伝達性	紙自身を運搬しないと伝達できない。距離や輸送手段により時間がかかる。Fax など紙を電送する手段はあるが，大型の図面等を電送するのは煩雑で時間もかかり限界がある	ネットワークを活用することで大量のデータの瞬時の送付・交換も可能
6. 共有・共用のしやすさ	紙媒体を複製し，関係者に配布しないと情報共有ができない。情報が改訂された場合は，その都度紙媒体を再配布する必要があるなど，情報の共用は煩雑	一つの電子ファイルに複数の者がアクセスし，改訂していくことは容易
7. 内容認識	知識をもった者の読み取りというプロセスを介して，はじめて利用可能となる。例えば，2 次元表現の図面は，技術者などの専門家が読み取ることで，3 次元の建築的実体を再現することができる。また，図面から数量を拾い上げて積算するには，専門能力が必要である	目的に応じて，アプリケーション・ソフトウエアによりデジタル化されたデータから必要なデータを抽出し，集計・分析などの情報処理を人手を介さずに行うことが可能。そのため，3 次元の建築モデルの構築や，自動積算も可能
8. 関連づけの容易性	紙に盛り込まれた情報に含まれることがらどうしを自動的に関連づけるのは難しく，専門家による手作業が必要である	目的に応じて，アプリケーション・ソフトウエアにより，デジタル化されたデータ群のなかのデータを関連づけることは人手を介さずにできる

　現代の実務では，多くの図面・文書・帳票類はデジタル・データ化されている。

　例えば，昔は設計図面を青写真にということもあったが，これはトレッシングペーパーなどの半透明の紙に手作業で図面を書き込んで作成し，ジアゾ複写機（青焼機）を用いて感光紙に焼き付けて配布されることに由来する。

　一方，いまでは，建築の設計図面類，建築で使われる部材・部品の製造図面，施工図書，設備系統図面類は，CAD※（Computer Aided Design）のソフトウエアを用いてデジタル・データとして作成されている。さらに次章で述べるように，いま CAD を超えて，BIM※（Building Information Modeling）も急速に普及している。CAD や BIM で描かれた設計情報の配布・共用は，当然のことながら，電子的手段によっている。

　また例えば，施工段階で作成される帳票類や，撮影される映像もデジタルデータとなっている。諸連絡や，受発注など取引も電子メール，SNS など電子的手段を通して行われることが一般的であり，施工現場で働く人々の就労管理も建設キャリア・アップ・システムの発足・普及により，デジタル・データをもとに行われようとしている。

CAD：コンピュータを利用して設計を行う手法，またはそのツールのこと。

BIM：コンピュータ上に作成した3次元の形状情報に加え，室等の名称や仕上げ，材料・部材の仕様・性能，コスト情報など，属性情報を併せて構築された建築の情報モデル。設計から施工・維持管理に至るまで建築ライフサイクル全体で蓄積された包括的に利活用する手段となりうる。

3-2　できるとこからはじめる

　では，こうした情報・データのデジタル化による成果を踏まえて，FM の品質・便益を飛躍的に高める革新（DX）を進めて行くにはどうしたらよいのであろうか？

　その大原則は「できるところからはじめ，だんだんと拡げて行く」ということである。言い換えれば，大システムの構築からはじめるのではなく，そのファシリティを用いる企業・組織の活動に関連の高い業務を優先してシステムを作り，徐々に拡張していくという発想が大事である。

　ここで，第 2 章の 2-1-1 の後段で解説した，優先度づけによる戦略が大きな意味をもってくる。その戦略において，優先度の高いものからまず着手しよう，あるいは，布石を打っておこうということがらについて，情報システムを整えていくとよい。

　例えば，ひとくちに FM といっても，FM で実現しようとしている便益は，以下に示すようにさまざまであり，どの便益が重要であるのかは，経営・運用組織の業態・様態を含めたファシリティの目的によって異なってくる。言い換えれば，重要度は戦略設定による優先度づけによって異なってくるのである。

---

① 安心・安全の確保
② 空間利用・配置・配分のマネジメント（Space Management）の改善
③ PDCA サイクルによる日常的運用の改善
④ 省エネルギー活動（Energy Efficiency Initiatives）の推進
⑤ 計画的予防保全による維持管理の最適化（Streamlined Maintenance）
⑥ 最適な将来戦略の策定・実行
⑦ 維持保全改修工事におけるリスクプレミアムの最小化
⑧ 資産管理の最適化

　表 3-3 は，これらの期待便益に必要な情報を整理したものである。実現しようとする便益によって必要とされる情報は異なるわけで，当初から，一挙にすべてのデータをそろえなくとも，設定された戦略にあわせて順次整備・構成していけばよい。

表3-3 FMで必要とされる情報例

FMの側面	FMで実現しようとする便益	期待便益の前提	必要となる情報
側面1 性能品質	a. 安心・安全の確保	「建築性能が要求水準を満たしているのか」が評価できること	建築・ファシリティの現況を精確に表す図面などの情報
	b. 計画的予防保全による維持管理の最適化（Streamlined Maintenance）	故障して多額の直接的・間接的費用をかけて設備の修繕することを繰り返さないよう，効果的な設備の予防保全を計画し実行できること	設備の仕様・耐用年数および，設備の状態・状況にかかわる情報
側面3 人々にとってのコト	c. 空間利用・配置・配分のマネジメント（Space Management）の改善	施設空間がどれだけ有効に活動できているのかを，把握・評価できること	どのように空間が使われてるのかに関する情報，例えば，需要に対して足りない用途空間や，業務の生産性や効率性に影響するような空間利用上の問題点に関する情報
側面2 経営資源	d. PDCAサイクルによる日常的運用の改善	清掃，警備，設備運転などの日常的運用における無理，無駄の把握	各日常的運用による業務成果に関する情報 日常的運用の費用に関する情報
	e. 省エネルギー活動（Energy Efficiency Initiatives）の推進	他の事例と比較したベンチマーキングなどにより，どこに非効率なエネルギー使用が眠っているのかが評価できること	どこで，どのように，どれだけの量のエネルギーを使っているのかに関する情報
		利用者に苦痛を強いるような（あるいは事業に悪影響を与えるような），無理な省エネルギー活動になっていないかを検証できること	室内温湿度分布に関するデータ
	f. 最適な将来戦略の策定・実行	ライフサイクルコストを最適化するため，これから行う投資について，幅広い選択肢の投資対効果を比較考量して意思決定できること	レイアウトなど空間配置の変更に要する概算費用 さまざまな増改築に要する概算費用 建替新築に要する概算費用
	g. 維持保全改修工事におけるリスクプレミアムの最小化	実質度の高い修繕改修費用の支出ができるようにするため，修繕・改修工事の受注者側が用意する情報の，不確実性に対処する予備的費用の加算額が圧縮できること	建築構成材と設備がどのように物理的に収まっているのかにかかわる図面情報 建築・ファシリティの現況を精確に表す図面などの情報
側面4 成果・業績	h. 資産管理の最適化	保有コストのかかるファシリティを漫然と持ち続けることがないような資産管理	どういう状態の資産をどれだけ保有しているのかに関する情報，例えば，現状に即して改訂されている資産台帳 資産台帳と整合した図面等のファシリティにかかわる精確な現況情報 各ファシリティの保有に要している費用に関する情報 など

　表3-4は，表3-3の内容を踏まえ，それぞれのファシリティの利用
シナリオによって，どのように情報収集し，整備していくかを例示した
ものである。

表3-4　ファシリティの目的による必要データの収集・整備事例

利用シナリオ（例）	概要（例）
大学建物の 施設利用管理	・部屋単位で利用者や備品の一元管理をするため，危険物の所在，数量や各種メンテナンスにかかわる記録を整えるとともに，既存の書類と図面を連携管理する
オフィスビルや研究施設のテナント誘致	・点群と画像の合成により，寸法の確認が可能な施設見取図のデジタルマップを作成するとともに，部屋の位置や名称についてBIMデータと整合させる
ロボットの ナビゲーション	・施設内部の配送自動化のためのロボットの動作を補助するための空間情報を整え，ロボット自身の収集データとの重ね合わせによる精度向上を図る
公共空間の バリアフリー誘導	・公共空間におけるバリアフリーである推奨動線や，トイレ位置の検索などができるデジタルデータを整備
現場の 遠隔地管理	・BIMデータをベースに，現場のパノラマ画像が比較できることにより，遠隔地にいる高度な技術と豊富な経験をもつ人材から助言を受けられるようにする
各種センサーの活用	・センサーデータに基づく建築性能のモニタリング ・センサー計測情報と空間情報の重ね合わせによる空間および利用状況の把握

　それぞれの関係者は，どのような業務・活動を行い，どのような目的
で，どのような情報を扱っているかを見極め，その業務・活動のなか
で，どのようなことについて優先的に情報を整えていくのかを見極めて
いくことが肝要である。

　では，具体的には，どのような方針で，できるところからはじめてい
けばよいのであろうか？本書としては，次の3つの方針を提案したい。

- ●**方針1**　できるところからはじめ散逸を防ぐ　（←保管容量，検索
　　　性の確保）
- ●**方針2**　関係者の間で最新の情報を共用できるようにする　（←伝
　　　達性，更新性，および共有・共用性のしやすさの実現）
- ●**方針3**　複数種のアプリケーションを関連づけて活用する　（←関
　　　連づけの容易性の向上）

これらの方針について，以下で解説する。

3-2-1　方針1　できるところからはじめ，散逸を防ぐ

　この世から姿を消してしまった情報・データを復元するのは極めて困
難である。とくに，それが紙媒体に記録された情報であれば，それは死
者を生き返らせろといっているのに等しく，未来にどのような技術が開
発されても不可能というべきであろう。

　それだけに，とくに，前記の優先度づけされた戦略設定のなかで，ファ
シリティの目的に照らし合わせて，著しく重要であることがらに関する

情報・データについては，その散逸・消滅を防がなければならない。

　デジタル化というと，途方もなくお金がかかるというイメージをもつ人々もいると想像される。しかし，手書きのメモも，デジタル写真で撮れば，立派なデジタル・データである。スキャナーで吸い込んだ情報もしかりである。紙媒体のままであるよりも，保管，伝達，共有・共用，関連づけがしやすくなる。

　ただ，3-3で詳しく述べるように，FMにとっては，その情報・データが，「いつ，どこで」収集されたのかというタグ情報はとても大事である。もちろん，紙媒体の情報に「いつ，どこで」を書き込んでおくことも一策であるが，それでは電子的に検索することは難しくなる。手書きメモのデジタル写真やスキャンデータに，そのメモを書いた「いつ，どこで」にかかわるデジタル化情報が紐つけられるようにストックしていきたい。

　そのためのアプリケーション・ソフトウエアは既に種々あり，こうしたニーズが顕在化してくれば，誰かがさらに気の利いたアプリケーション・ソフトウエアを開発してくれるであろう。

　そういう意味で現時点では，スマートフォンで写真を撮るというのは，まことに都合がよい。というのは，設定を怠らなければ，撮影されるデジタル写真に，「いつ，どこで」の情報が自動的に刻印されるからである。

　また，ことがらによっては，写真はメモよりもはるかに多面的な情報を含むので，むしろ，手書きメモを，「いつ，どこで」情報刻印付きのデジタル写真に置き換えていくということも有力な選択肢として検討されてしかるべきである。

　デジタル化情報・データの保存容量の大きさや，検索性を生かして，情報を散逸させないことは重要である。紙媒体の情報の作成手間や，その伝達，処理にかかる人件費を考慮すれば，情報の適切なデジタル化への投資は，むしろ，大幅なコストダウンになると理解すべきである。

3-2-2　方針2　最新の情報を共用できるようにする

　方針1により，デジタル化によって散逸が防げても，それらが各組織・各部門に散在したままでは，有用性は損なわれる。例えば，
・空間利用のマネジメント（Space Management）
・日常的運用の改善
・省エネルギー活動
・維持管理保全の最適化
・資産管理の適正化
・リスクの見える化
などに役立てることはできない。

　建築をファシリティとして使いこなすプロセスの諸段階で，さまざまな主体（組織・人）が情報を生成し，いまやさまざまなデジタル化情報が溢れんばかりとなっている。こうしたデジタル化情報を活用できれば，ファシリティが人々にもたらすコトや，組織によっての成果・業績を高めていくことができる。

　そのためのキーワードが「共用」である。黙っていてもデジタル化された情報・データの共用は進まない。それらの情報・データは，全く異なる形式内容で，異なるアプリケーション・ソフトウエア上で，異なる組織の管理のもとに用いられている。

　そもそも前述のように，各組織・各部門は，それぞれの業務目的に応じて，別々に情報・データを作成・生成している。それらの入力・改訂の間隔はまちまちであり，異なるアプリケーション上で用いられている情報・データを無闇に結びつけても，不整合や，矛盾が含まれている可能性も否定できない。

　このような情報・データがバラバラであるという状況を乗り越えるためには，図 3-1 に示すように，組織の各部門に散在している情報が関連づけられて，FM に関与する各主体に，それぞれの業務権限に応じて与えられたアクセス権に応じて，情報・データを共用できるような環境が整えられていかなければならない。言い換えれば，さまざまな主体によって生成されている情報・データを，FM のさまざまな局面で共用できるようにならなければならない。

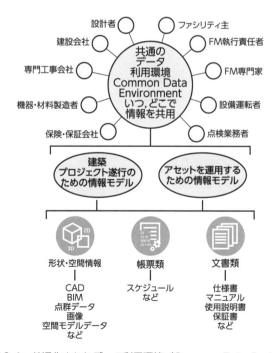

図 3-1　共通化されたデータ利用環境（Common Data Environment）

　図3-1 に示す共通化されたデータ利用環境は，建築にかかわるさまざまな情報・データが関連づけられて1つの情報モデル（one model）を形成し，随時改訂・付加される情報を関与する主体間で共用していくというものである。いわば，共通化されたデータ利用環境は，「共用」のための大事な基盤である。

　具体的には，「いつ，どこで」を表す情報が「共用」の糊づけとなる。というのは，FM にかかわる，さまざまな事象，行為は，「どこで」という場所情報が結びついてはじめて意味をもってくるからである。「どこで」という情報によって，異なるアプリケーションから引き出された情報・データを紐つけしたうえで，特定の場所ごとに，「いつ」を踏まえて情報・データを並べてみることで，**図3-1** に示すような，共通化されたデータ利用環境が実現できる。

　第4章で詳しく述べるように，こうした共通化されたデータ利用環境を整えていくためには，技術的な手立てだけでなく，組織的な手立ても必要である。とくに，組織・部門の枠を越えて情報・データを利活用するため，一元的な権限管理が不可欠である。

　第2章で述べたファシリティ主，FM 執行責任者らによる FM の統括的なマネジメント体制が，その権限の設定で交通整理の役を発揮することが期待される。

3-2-3　方針3　複数種のアプリケーションを関連づけて活用する

　共通化されたデータ利用環境（**図3-1**）が実現すれば，FM で次のような便益が生まれるといわれている。

① 　建物運用に必要なデータが存在している（Operability）
② 　保全，改修に必要なデータが存在している（Accountability）
③ 　経営データの一環として FM のデータを扱い得るようになる
④ 　よりコミュニケーションのとりやすい視覚情報とデータセットによる意思決定ができる（Communicability, Decidability）

　第4章で取り上げる BIM は，「どこで」を表すための基盤となることが期待されている。ただ，今普及している BIM のソフトウエアの多くは設計・施工において，建築の構成を定義していくことを主眼にしている。そのため，人の動きや，設備の運転状況など，ファシリティの「動き」に関する情報を取り扱っている事例が数多くあるわけではない。

　また，例えば，Space Management では，日々の空間の使用状況が把握できないと，働き方の改善や，諸空間の稼働率の向上を図っていくことはできないが，こうした情報が，BIM のなかに格納されているわけではない。さらに，エネルギーの使用状況や，設備が動いている状況も，BIM のソフトウエアで取り扱うのは難しい。

　BIM は建築の物理的構成を表すデジタル・モデルを提供しているが，建築や機器がどのように動いているのか，あるいは使われているのかなどファシリティの状態・状況に関する情報・データを内包しているわけではない。まして，シミュレーション機能や，さまざまな FM の業務に用いられる集計・分析機能を内包しているわけではない。また，ファシリティの各所に据えられたセンサー，カメラからの情報・データを扱うことも容易ではない。

　そこで，前記の①〜④の便益を実現するには，**図 3-2** の概念図に示すように，複数種のアプリケーションを関連づけて活用することが必要である。

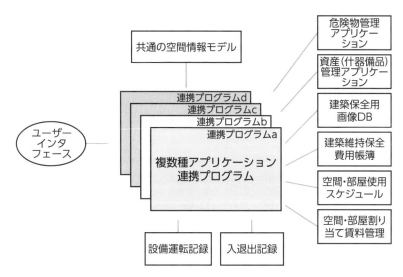

図 3-2　複数種のアプリケーションを関連付けて活用すること

　図 3-2 のような関連づけした利用が可能になれば，BIM などによって作成された「どこで」に関する情報を，関連づけのための基盤として活用することができる。例えば，施設を使う際の人やモノの動きを予測するシミュレーションを繰り返すことで，FM を実行しやすい設計計画を練り上げていくことができる。同様に，室内環境状況やエネルギー使用量など，実現される性能を予測するシミュレーションを繰り返すことで，FM にとっても好ましい設計計画を練り上げることができる。

　また，運用段階において，収集されるセキュリティ・入退室管理システムのデータと，エネルギー管理用システムのデータを関連づけて，「退室した人の周りの機器を停止する」といった運用をすることができるようになる。また，AI や IoT を活用した，設備機器の最適運転化を図ることもできる。

3-2-4　3方針の先に見えてくるFMにおけるDX

　以上述べた，3方針が貫徹され，さまざまな情報・データを紙などの低次の情報に落としてしまわずに，構造化された高次の情報・データとして扱い，他種の情報・データと関連づけたり，他のソフトウエアの入力データとして活用できれば，その高度利用が可能となり，FMの実を飛躍的に向上させていくことができる。いわば，情報・データに基づいた（data driven の）FM を展開し，**表3-5**に例示するような，デジタル化による業務革新（DX※：Digital Transformation）を進めていくことができる。

表3-5　FMにおける業務革新（DX：Digital Transformation）の例

① 物理的距離が離れている者同士が協働設計をする
② 数量やコストを自動集計する
③ シミュレーションをして性能予測の精度を高める
④ 現実感の高い画像・動画をもとに計画を検討したり，合意形成をする
⑤ ファシリティの運用に用いる機器を自動制御する
⑥ ファシリティの運用にロボットを活用する

COLUMN
コラム　　　　住宅内複数種機器の協調的稼働システム ▶▶

　東京大学の生産技術研究所には，2011年夏に竣工したCOMMAハウス（コマハウス）という実験スマートハウスがある。住宅や建築に用いられている設備機器に組み込まれている制御用のソフトウエアは，メーカーごとに異なる技術仕様となっている。この実験住宅では，その技術使用の違いを乗り越えて，ひとつのソフトウエアで住宅内の複数種の機器を，協調的に稼働させるシステムの試行実験が行われている。

https://www.youtube.com/watch?v=7pL0QEK2C_U

図1

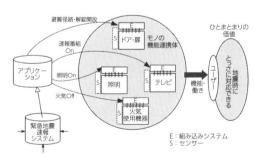

図2　コマハウスで構想された複合制御の例

（野城 智也，馬場 博幸；「生活用IoTがわかる本　暮らしのモノをインターネットでつなぐイノベーションとその課題」 インプレスR&D; PDF版（2017/3/31））

3-3　空間情報を基盤にした漸次拡張の枠組み

3-3-1　「どこで？」という情報の有用性

　FM の具体的なオペレーションにおいては，前項であげたように，「いつ」「どこで」「何を」といった情報の記録や確認が必要になる。「いつ」に関しては日付や時間，「何を」に関しては課題事項やタスク項目としてテキスト情報のみでも概ねの記述が可能だが，「どこで」という場所・空間に関しては，その情報を記述するための手段や媒体を選択する必要がある。

　現状においては，対象とする建物内外の場所・空間の把握には，配置図や平面図といった俯瞰的な「見取り図」が使用されることが一般的である。だが，既存建物の場合には竣工から時間が経過し，改修や増築により，最新状態を記述した図面情報がそもそも存在しないケースもあり，運用や保全などの必要目的に応じて，その時点での簡易的な図面やダイヤグラムを作成して対応しているのが実情であると考えられる。また，例えば 2 次元 CAD などのデジタルツールを用いて作成していたとしても，紙媒体や画像データなどの情報を人の目を通して読み取ることで判断しているため，デジタル化のメリットを活かし切れているとは言い難い。

　BIM（Building Information Modeling）は，現状では主に，建物を「作る」ための設計・生産段階の情報マネジメントを行うために利用されているが，図 3-3 に示すようにデータが単位化・構造化されており，空間の形状情報を用いて「どこで」というデジタル情報の取り出しが容易な点において，前述した課題を解決する糸口として期待されている。

　また，それぞれの形状情報に対して，部屋名称や管理区分といった任意の属性情報を付与できる点も，運用や維持管理段階における建物情報の管理を行ううえで親和性が高い。

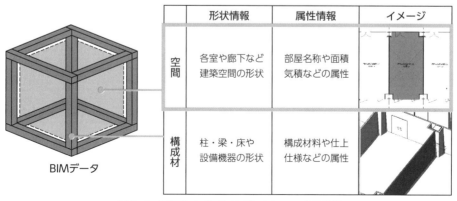

	形状情報	属性情報	イメージ
空間	各室や廊下など建築空間の形状	部屋名称や面積気積などの属性	
構成材	柱・梁・床や設備機器の形状	構成材料や仕上仕様などの属性	

BIMデータ

図 3-3　建築物の「見取り図」としての空間情報

3-3-2 空間情報を基盤に，既存のシステムや，作成するシステ ムを紐づけていく

　建物は運用の時間軸において，設備の更新や改修をはじめとした改変が加わることが前提となるが，部屋や領域といった空間構造は比較的変化のスピードが遅いため，FMのための情報マネジメントの起点として有効に活用できると考えられる。一方で，その有効性が活用し切れていないのは，その読み取りがアナログな形式に留まっている点に課題があることは前項で述べた。

　BIMデータの空間情報においては，実空間の3次元座標に対応した位置のデジタル記述が反映可能であるとともに，例えば2次元CADデータに関しても平面上の座標系を有していることから，こうしたデジタルデータ上の位置や範囲の記述を**図3-4**に示すような「見取り図」として利用することによって，FMに関わる様々なオペレーションを空間情報と紐付けてマネジメントすることが可能になると考えられる。

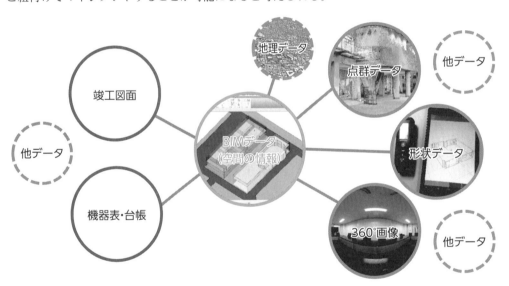

図3-4　BIMデータを起点とした空間情報の連携

　また特にBIMデータに関しては，前述した部屋や領域の情報単位が個々に独自のIDを有しているため，部屋名や管理区分などが変更されるといった時間軸の中で発生する属性情報の変更に対するマネジメントに対しても有効である。

　建物の設計・生産段階においてBIMは，情報の一元管理に対して有効とされているが，これは建物の運用・維持管理といった「使う」段階においても共通の課題であり，有効な解決策となり得ると考えられる。

3-3-3　相互利用可能性の重要性

　FMの実践プロセスにおいて，**図3-1**に示した共通化されたデータ利用環境が整えられ，そのデータが有効に活用されていくためには，空間情報をデジタル化するだけではなく，①そのデータが複数のステークホルダー（利害関係者）間で確認可能であり，②複数の情報システムやソフトウェア上で参照可能なことがさらに重要である。

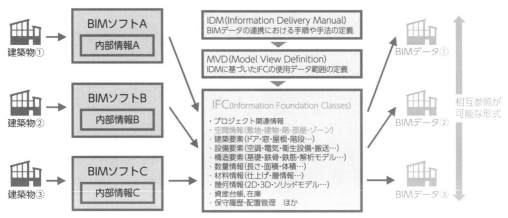

図3-5　BIMデータのInteroperability（IFCの活用を一例として）

　それぞれのCADやBIMソフトウエアは，編集・保存のために個別のデータ形式（ネイティブデータ）を有している。そのため，汎用的なデータ形式に変換して利用するなど，Interoperability（相互利用可能性）を確保することが重要になる。2次元CADの中間ファイルとしてはDXF※（Drawing Exchange Format）が挙げられる。

　BIMの汎用データのとしてはIFC※（Industry Foundation Classes）が挙げられる。IFCは，データ標準化活動を行う国際的な団体であるbuilding SMARTが策定しているデータ形式であり，BIMデータを構成する情報オブジェクト（例えば，ドア，窓，壁などのような要素）の記述に関する仕様を定義している。

> DXF：CADソフトで作成した図面データを保存するファイル形のひとつ。

> IFC：building SMARTが策定している，建物を構成するオブジェクトのデータ記述に関する仕様。BIMデータの国際標準としての役割を担っており，ISO 16739:2014として国際規格化もされている。

3-3-4　空間情報の多様性

　空間情報をデジタル媒体で記述する手法として，近年ではCADやBIMの他に**図3-6**に示すようなレーザー測域による3Dスキャンや，フォトグラメトリーによるによる3Dモデリングなどの汎用化が急速に進んでいる。

　また，精度に違いはあるものの，専用の計測機器だけでなく，モバイル端末の中にもLiDAR※（light detection and ranging）センサを搭載した機器が登場し，画像カメラとあわせて手軽に空間の測域を行う事が可能となった。インターネット通信やQRコード・各種マーカーの読み

> LiDAR：レーザー光を照射して，その反射光の情報をもとに対象物までの距離や対象物の形などを計測する技術。

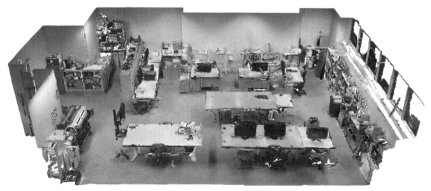

図 3-6　LiDAR による三次元スキャニング

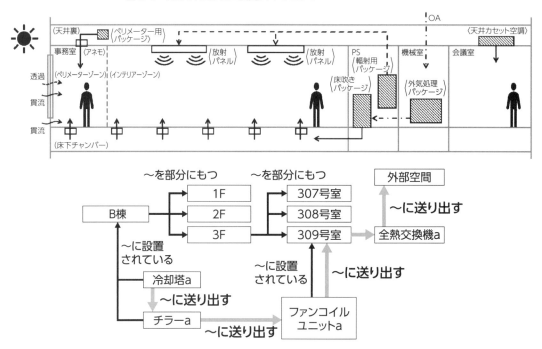

図 3-7　セマンティックモデルによる空調設備の機能的関連性の記述例
　　　　出典：加藤俊介，野城智也，村井一．"自律分散システム構築のための Building Element の意味構造に関する研究〜セマンティックデータモデルを用いて〜" 生産研究 74.1 (2022)：p.135-p.138.

込みなどにも対応できるため，単なる通信端末にとどまらず，建物維持管理のために必要な空間情報を，現地で確認・収集できるデバイスとして活用が期待される。

　さらに，画像情報から自己位置推定と環境地図作成を同時に行う SLAM（Simultaneous Localization and Mapping）技術も進展が目覚ましく，大規模な建築物においては清掃や運搬などに対するロボット利用の例も報告されている。今後期待される各種オペレーションの自動化のためには空間情報を人が読み取り判断するだけではなく，このような機械判読が可能なデータ環境の整備も重要である。

　維持管理のための空間情報の活用を考えるうえでは，単位空間の定義

や幾何学的な座標系だけではなく，単位空間相互の関係や機能的なつながりについての記述も重要である。

　図 3-7 は，大学施設の空調設備に関する機能関係図（セマンティックモデル）であるが，建築物の機能や系統をデジタルに記述することにより，これまでは専門技術者による図面読解や経験に依存していた運用の調整や，不具合の因果関係の特定などの検討や判断における参考情報として活用が期待される。

　このように空間情報のデジタル化を行うためのデータ環境が多様に整備され，ソフトウェアや端末の汎用化が進む一方で，これらを建物の維持管理に上手に活用するためには，情報利用の目的に応じた適材適所の使い分けが今後ますます重要になってくる。

　次章では，具体的なケーススタディを交えながら，近い将来における FM のあり方について考察したい。

第4章　既存建築における FM の DX

4-1　デジタル化の恩恵を引き出すために

　昨今, デジタルトランスフォーメーション※（**DX**：Digital Transformation）が社会的なキーワードとなりつつある。2004 年に Erik Stolterman によって提唱された概念で，進化し続けるテクノロジーが人々の生活を豊かにする。ここでは FM においてデジタル化の恩恵を引き出すための DX を考えてみたい。

　DX には，主に 3 つの段階があるとされている。

　まずは，①デジタイゼーション※（Digitization），これまでアナログに取り扱われていた情報を局所的にデジタル化することを指す。FM においては，例えば，手書きとコピーを用いていた管理台帳を Excel などの集計データに置き換えたり，紙媒体で保管していた図面や帳票を画像データや PDF データに置き換えることがこの段階である。

　次に，②デジタライゼーション※（Digitalization），プロセス全体のデジタル化と価値創造することを指す。FM においては，例えば，電話連絡やメールのやり取りによる個別の業務遂行に留まることなく，業務管理システムやクラウドサービスを用いて，ステークホルダー間の意思決定プロセスの共有化や円滑化を図ることや，維持管理情報の相互参照により業務の連携や引き継ぎに役立つ段階がこれにあたる。

　その上で最後に，③ DX（デジタルトランスフォーメーション）が実現する。これは，デジタル化による社会的な影響創出が図られることを指す。FM においては，例えば，施設管理情報のデジタル化によって経営上適切な設備投資のタイミングを判断できたり，施設利用者が自らの要望に応じた建物の使い方や環境の制御をリクエストすることにより利用満足度が向上する，といった広い範囲での豊かさの実現が FM における DX といえる。

デジタルトランスフォーメーション（DX）：各種システムの普及による社会の変革という段階で，イノベーションに至るとされている。

デジタイゼーション：データのデジタル化のこと。

デジタライゼーション：インターネットなどデジタル化されたデータを用いた技術システムを利活用すること。

表 4-1　DX のためのデジタル化のステップ

	デジタイゼーション	デジタライゼーション	デジタルトランスフォーメーション
デジタル化のステップ	アナログ情報の局所的なデジタル化	プロセス全体のデジタル化と価値創造	デジタル化による社会的な影響創出
FMにおける実践例	・手書きやコピーを用いていた管理台帳をExcelなどの集計データに置き換える ・紙媒体で保管していた図面や帳票を画像データやPDFデータに置き換える	・電話やメールによる個別業務に留まることなく，業務管理システムなどを用いてプロセスの共有と円滑化を図る ・維持管理情報の相互参照による業務の連携や引継ぎへの活用を図る	・管理情報のデジタル化によって経営上適切な設備投資のタイミングを判断できる ・利用者が自らの要望に応じたて建物使い方や環境の制御を実現できる

　FM に限らずの話であるが，すぐさま一足飛びに DX の段階を目指せるとは限らない。デジタル化の恩恵を引き出すためには，現状と向き合いながらデジタイゼーション，デジタライゼーション，DX と段階的に活用のステップをクリアしていくことが重要である。

4-2　既存建築における空間情報の整え方

　前章で空間情報の重要性を解説したが，そのデジタイゼーションを行うにあたって，既存建築物において CAD データはおろか，手書き図面でさえも十分に残されていないケースもある。また残っていたとしても，後年の改修や増築により現状の空間構成と一致していない，というようなケースも散見される。

　このような場合には，アナログな実測により現況図を作成することが一般的であったが，近年では，**図 4-1** の例のように，点群や画像により空間をありのままに測域する技術も登場しており，迅速かつ正確な空間情報の取得が可能になっている。こうした測域技術を活用することで定期的な記録も可能となり，施設運用にあたって最新の情報を更新できる利点もある。

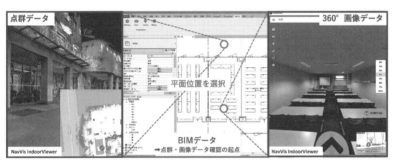

図 4-1　点群データ・360°画像データの活用例

　また，クラウド環境で空間情報を共有することにより，遠隔地からの施設確認や，専門家からのアドバイスなどもリモートで受けることも可能である。2020年以降のコロナ禍を通してリモートワークが定着したが，そもそも施設管理に関しては現地確認が必要なケースが多く対応が難しい側面があった。しかし，こうした空間情報データの参照により現地に行かずとも建物の状況を確認することも可能であり，アフターコロナにおいても非常に有効な手法であると考えられる。

　一方で，こうした3次元測域による点群や画像などの情報は「部屋」や「領域」を定義しづらい側面がある。このため簡易な図面情報やBIMモデルと座標位置合わせをするなど，複合的に利用することで，さらに有効な活用が可能になると考えられる。

ケーススタディ1 ▷ 点群スキャンを活用した建物管理

　既存建築において点群スキャンをはじめとした測域技術が有効であるが，ここでは大学の研究棟を対象として実際に計測・記録を行った事例を紹介する。さらに近年，新たなデバイスや即域手法の開発による進化が目覚しい領域であるため，今後FMにおける利活用の加速が期待される。

図4-2　大学の研究棟を点群スキャンした一例（NavVis）

4-3　どう動いているかのデータの活用

多くの建物では，既に設備系の各種センサーや防犯カメラなど動作記録が残されている。一方で，これらのデータやその利用は個別の目的ごとに閉じており，相互利用が十分に図られているとは言い難い状況にある。

省エネルギーを目的として，大規模な建築物においては BEMS[※]（Building and Energy Management System）の導入が図られるケースもあるが，BEMS と，前節で紹介したような簡易な空間情報と組み合わせることにより，現状記録されているデータが建築物のどこで起きている事象なのか，また，複数のデータを重ね合わせることにより，例えば，建築物の異常検知のために役立てることも可能である。

BEMS：建築の各所にセンサーを配し，エネルギーの使用量などを「見える化」するとともに，ひとつのソフトウエアで，建築内のさまざまな空調機器や照明設備等を，協調的・統合的に制御することで，室内環境とエネルギー性能の最適化を図るシステム。

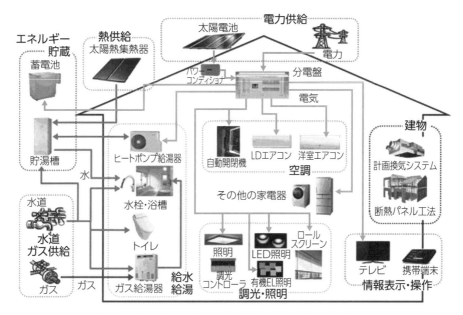

図 4-3　住宅用 IoT 機器とその連携利用（COMMA HOUSE）

また，建築物の制御も含めて昨今の建物管理は IoT[※]（Internet of Things）とも切り離せない状況にあるが，機器やデバイスの個別開発を進めるだけでは過度な複雑性やタコツボ化を招くおそれがある。建物全体の機能を踏まえたうえで，空間の構成とあわせて，その制御に関する基本的な秩序・ルールとなるアーキテクチャを構想することが重要になってくる。

IoT：モノに組み込まれたコンピュータシステムがインターネットを介して結びつきつつ，モノが作動すること。モノのインターネットとも呼ばれている。

> ## ケーススタディ2 ＞各種センサー情報と建物制御の連携
>
> 　既に多くの建物で各種のセンサーが利用されているが，ここでは住宅用 IoT 機器の活用を主眼に計画された実験住宅における試作を紹介する。こうしたセンサーは家電への組み込みや，制御のためのインターフェースの汎用化も近年進んでおり，住宅に限らず今後 FM において，建物や設備の状態をきめ細やかに把握するために役立つと考えられる。
>
>
>
> **図 4-4　住宅用 IoT 機器の実験住宅（COMMA HOUSE）**

COLUMN
コラム　　建築の制御と IoT の実践 ▶▶

　IoT※（Internet of Things）である。IoT という言葉は，ここ数年で使われるようになってきたが，その考え方は既に 1980 年代後半には提唱されたもので，実際，建築分野では，遠隔管理やエネルギー管理などで随分以前から IoT は使われてきたと見ることができる。

　今や建築におかれた機器や多くの構成材には，小さなコンピュータと，コンピュータ・プログラム（アプリケーション・ソフトウエア）からの命令をある動作に変換するアクチュエータが組み込まれている。

　以前は，物理的操作や電気的信号で操作・制御されていた機器や構成材が，アプリケーション・ソフトウエアからの命令で操作・制御できるようになっている。加えて，インターネットなどネットワークの発展により，図1に示すように，外部のコンピュータからの命令を，各機器に埋め込まれた小さなコンピュータ（組み込みシステム）と，ソフトウエアからの命令を物理的な動きに変換するアクチュエータを介して，建築に敷設された機器・設備や，窓・ドア・鍵などの構成材を自動的に制御することができるようになっている。

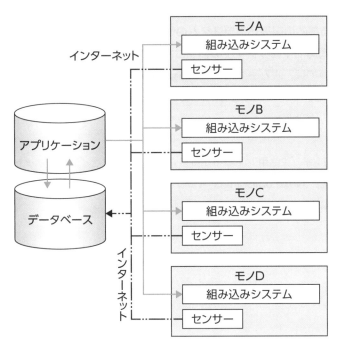

図 1　IoT：各機器をアプリケーション・ソフトウエアからの命令で自
　　　動的に制御する

　近年の ICT にかかわる技術の飛躍的な進歩や，機器・センサーの低廉化によって，遠隔
管理や，エネルギー管理の領域を超えて，IoT が幅広く用いられるようになり，建築分野で
活用される新しいサービスを生みつつある。例えば，スマートキーによる IoT システムを
基盤に，既存住宅を宿泊施設として活用する，いわゆる民泊は急速に普及している。

　IoT により，複数の機器・構成材（モノ）がバラバラではなく，協調的に操作もしくは自
動制御できる可能性が高まっていることは，FM にとって重要な意味をもつ。今後，FM の
分野で，IoT の仕組みを活用した，業務生産性や業務の質の向上が図られたり，新しいサー
ビスが続々と生み出されていくに違いない。

　留意すべきことは，遠隔管理，エネルギー管理も含め，IoT のサービスは，デジタル化さ
れた情報・データを基盤においているということである。BIM などによるデジタル化され
た空間情報と関連づけることによって，FM におけるイノベーションが進行している，と認
識すべきであろう。それは，一昔前であれば，専門家に頼り切らなくてはならなかったこ
と，多額の費用をかけなければできなかったことが，普通の建築の FM において，当たり
前に行うことができるようになっていることである，といってもよい。

　このように，IoT の進展・普及は，FM においてかつては労働集約的に行われてきた業務
における生産性を飛躍的に高めるとともに，集められるデータの利活用によって，ファシリ
ティが人々にもたらすコトを充実させ，ファシリティを用いる組織の成果・業績を飛躍させ
ていく可能性をもっている。

　なお，多くの文献では，IoT の導入については，次の 2 つの技術的課題があるとされてい
る。

（1） 異なるメーカーによる機器を滑らかに相互接続させて機能させること

（2） IoT に用いる機器の組み込みシステムの情報セキュリティ水準にばらつきがあり，ファシリティの情報セキュリティ上の弱点になりうること

　上記の点については，現在さまざまな技術的対策が練られ実施されている。例えば，（1）の相互接続については筆者も課題解決に取り組み，IoT-Hub という相互接続のために仕組みを考案し，共同研究者とともに，その普及を図っている。詳しくは，下記の文献などを参照されたい。

（野城智也，馬場博幸『生活用 IoT がわかる本　暮らしのモノをインターネットでつなぐイノベーションとその課題（NextPublishing)』インプレス 2017)

4-4 空間情報と業務システムの関連づけ方

4-4-1 既存の業務システムとの関連づけ方

　FM においては，建築物や設備機器だけではなく什器や付帯設備の管理も重要であり，どの部屋や領域で利用されているか，経時的な変更も含めた管理が必要になる。集計ソフトウェア上で備品名称やその購入金額，設置・保管場所などをリスト化しているのが現状であると思われるが，簡易な図面データや BIM データを用いることにより部屋情報と対応した一元的な管理が可能になると考えられる。

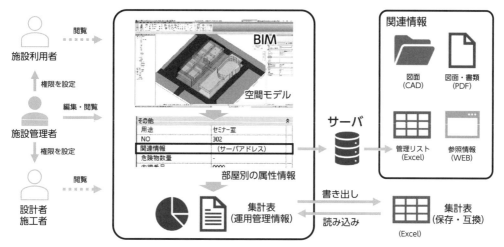

図 4-5 空間情報と業務システムの柔軟な連携

　特に BIM データには，オブジェクトの形状情報とあわせて属性情報を付与することが可能で，**図 4-5** に示すように，これらの集計データを作成し，Excel などのソフトウェアと柔軟に連携することも可能である。このように BIM データは，設計，生産段階に限らず，維持管理段階においては，空間情報を伴うデータベース的な活用が期待される。

> **ケーススタディ3**＞空間情報と維持管理データベースとの連携
>
> 　BIMの空間情報を各種のデータベースと連携することで，維持管理のための見取り図として機能しているが，その実例として梓総合研究所により開発が進められているAIR-Plateを紹介する。BIMデータの閲覧性を高めるためにゲームエンジンを活用しつつ，既成のSaaS（Software as a Service）を束ねたデータベースと連携することにより，汎用性の高い次世代型ソリューションの実現が期待される。
>
>
>
> 出典：蟇田京平，石川隆一，村井一，野城智也"建築空間に対する位置情報の付与と維持管理データベースとの連携に関する研究—維持管理業務に汎用的SaaSを活用する新たな手法の提案—"日本建築学会 第45回 情報・システム・利用・技術シンポジウム
>
> 図4-6　BIMと維持管理データベースとの連携（AIR-Plate）

4-4-2　他のシステムとの連携（都市モデル・データ基盤との連携など）

　近年国内外で，地理空間情報のデジタル化や連携についての取り組みが進んでいる。シンガポールでは，2014年から国土情報の3D化・データベース化を行うVirtual Singaporeプロジェクトが進められ注目を集めてきたが，わが国においても近年，国土交通データプラットフォームやPLATEAUといったデジタルへデータ基盤の整備が加速している。

出典：国土交通省ホームページ
（https://plateauview.mlit.go.jp）

図4-7　3D都市モデルのオープンデータ化（PLATEAU）

　ここまで本書で紹介してきたデータ活用のあり方やケーススタディは，建築物，もしくは建物群としての敷地単体の情報マネジメントを前提としているが，例えば，インフラの引き込みや交通機関との接続を踏まえると，建物外，敷地外の情報との連携や確認も FM のなかでは必要な情報であり，こうした社会インフラとして整備されつつあるデータ基盤との連携も今後ますます重要になると考えられる。

　一方で，こうした情報の重ね合わせを行う際には，建物管理のみの閉じたローカルな座標系だけではなく，緯度経度情報をはじめとした，よりグローバルな座標系との位置合わせなどに関しても今後検討が必要な課題である。

ケーススタディ 4 ＞ **複数建物の情報や都市モデルとの連携**

　維持管理のための建物データの今後の展開として都市モデルとの連携の可能性について説明したが，例えば大学のキャンパスや企業の施設など，建物単体に限らず複数建物を群として管理することを念頭に置いたデータ連携の試作を紹介する。日常的な維持管理の先にある，長期的な時間軸の中での整備・更新計画やマスタープランの策定のための情報マネジメントの実現が期待される。

図 4-8　大学キャンパスにおける複数建物のデータ連携

4-5　時間スケールの違いを乗り越えるために

　本章では，主に既存建物の FM を前提として，デジタル化の恩恵を活かすための基本的な考え方とその事例について紹介した。一方で，数十年，百年単位のフィジカルな建築物の時間軸と，デジタル化を支える ICT とでは変化のスピードが異なることは必ず起きる課題であり，ある時点の技術で作られた FM システムが，将来使えなくなってしまうことは容易に推察できる。ではどうすればよいのか。

　情報システム上，記録・更新される維持管理に関する個別の履歴情報に関しては，その紐づけ方に変化が起きると考えられるが，「空間」や「設備」に関しては物理的な変容スピードが緩やかであり，「場所」や「位置」の座標情報に関してはライフサイクルのなかでもほぼ不変といってもよい。長い時間スケールのなかでもこれらの空間情報の単位化や構造化を行うことは蓄積される様々な情報の意味や関係を失わないために重要であり，時間スケールの違いを乗り越えて新たなソリューションを生み，活用していくうえでも鍵になると考えられる。

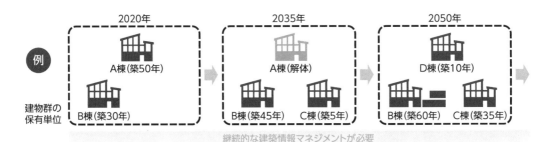

図 4-9　デジタル化の恩恵を活かすための継続的な建築情報マネジメント

第5章　新築建築における BIM を起点とした FM システム

前章では，既存建築を想定して，いかにして，デジタル化を活用した FM のやり方の変革，すなわち DX を進めていくのかについて解説した。

では，新築の場合はどうしたらよいであろうか？

基本的には，既存建築の場合とやることは変わらない。ただ，幸いなことに，いま新築において，BIM が急速に普及している。これを利活用しない手はない。

本章は，こうした認識にたって，革新的なデジタル化技術の発展普及（デジタリゼーション・Digitalization）の進む新築分野では，どのように FM を進めていけばよいのかを，補足的に解説する。

5-1　BIM 情報の活かし方

新築建築の場合，設計者，施工者，メーカーがそれぞれ分担して情報を作っていく。

前章までに述べてきたように，FM で扱うどのことがらにとっても，「いつ，どこで」という情報は重要で，図 5-1 の概念図に示すように，BIM は「どこで」を特定するための基礎情報となることが期待される。

問題は，新築において，設計者が用いる BIM，施工者が用いる BIM

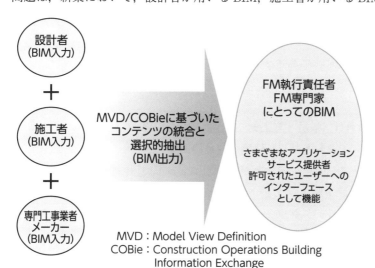

MVD：データ連携プロセスにおいて IFC をどのように活用するかを記述した文書。BIM などのソフトウェア開発者が IFC データ入出力を組み込む際に参照される重要な共通の情報源である。

図 5-1　新築プロジェクトにおける FM のための BIM データの活用に関する考え方（原典『Total Facility Management』Brian Atkin, Adrian Brooks をもとに，書き替え作図）

のアプリケーション・プログラムも，その入力データの内容形式も，必ずしも同じではないということである。

　日本では2019年に，国土交通省の呼びかけで建築関係団体が連携し組織された建築BIM推進会議が組織され，**第3章図3-1**で示した，共通化されたデータ利用環境（Common Data Environment）が実現するためのガイドライン作りと，その試行・普及に向けての取組みがなされている。

本書執筆の時点では，建築BIM推進会議は，設計，施工，維持管理における関係主体の役割・責任分担を定めた「ワークフロー」と，設計，施工，維持管理の各段階で必要となるオブジェクトの位置・形状情報や属性情報の程度を定めた「標準フォーマット」の作成などに取り組んでいる。

図5-2　設計BIM，施工BIM，維持管理BIMの間の不整合
　　　（出典：建築BIM推進会議 作成『BIMの標準ワークフローとその活用方策』ガイドライン）

　ここで，課題になっているのが，**図5-2**のなかで「不連続」と示された，業務の間の情報の受け渡しの難点である。本書にとって密接に関連するのは，**図5-2**の右側の2つの不連続，すなわち設計意図伝達・工事監理と維持管理の間，および施工と維持管理の間の不連続である。

　この不連続を超えて，BIMに格納された情報が，FMで活用できるようにするためには，FMでは，BIMのなかのいかなる情報が必要になるのかが明示されなければならない。

　しかし，新築プロジェクトが走りはじめる時点で，そもそもFMを担うチームが組織されていることは現状では必ずしも一般的ではない。また，組織されていたとしても，FM段階でいかなる情報が必要となるのかを予測・明示できる人は限られている。かといって，設計・施工のチームのなかで，FMで何が必要になるのかについて予測できる人も多くはない。それゆえ，前記の建築BIM推進会議では，どのような情報が必要となるのかについて明示するためのガイドラインを作ろうとしている。

　こうしたガイドラインができれば，設計・施工チームが，建築の引き渡し時点で，建築と併せて，BIMをもとにした建築の物理的実体（as-built）にかかわるデジタルデータを引き渡すことが一般的になっていくことが期待される。まさに，**第1章1-7**で述べた，Facilityのサイバー空間への拡張が進み，いわゆるデジタルツイン化がFMにおいて進んでいくことになろう。

　実際，文献（Atkins）によれば，英国政府機関は，ファシリティにかかわるデジタル情報の資産としての価値を認識し，政府が調達する建築などの資産にかかわる特定情報を，定義された構造とオープンなフォーマット（in a defined structure and in an open format）で，その建

なぜ「不連続」が，図5-2に描かれているかといえば，新築のプロセスに参加する，設計者，施工者，専門工事業者が，それぞれ別々のBIMソフトウエアを用いていて，FMに必要な情報・データが，それらに散在していることが珍しくない，というのが現状であるからである。

設計BIM，施工BIM，専門工事業者BIMという言葉が使われていることが，そういった状況を象徴しているといってもよい。

築の引き渡し時に提出することを求めようとしているとのことである。

　以下，新築における BIM のデータを FM で活用するうえでの留意点を列挙する。

5-1-1　留意点 1：放っていても情報はつながらない

　現時点で通常の業務慣行においては，FM の関係者から設計者，施工者に能動的に働きかけなければ，「まとまった BIM データ」が FM 用に提出されるようにはならないことに留意しなければならない。そして，FM に必要な情報は，FM を担う組織が指定することが原則である。

　新築プロジェクトが走り出してから，関係者に開陳していては，間にあわないことも多々あり，現実に対応できることは限られてしまう。新築プロジェクトを開始する時点で，FM にかかわるチームが組織され，そのチームが FM にかかわる戦略を設定し，少なくともその戦略においてファシリティの目的に照らしあわせて重要であると特定されたことがらについては，BIM のなかに関連情報が格納され，竣工後は，それらが抽出できるようにしておくべきである。

　具体的には，BIM のなかにどのようなオブジェクトを設定するのか，またどのような属性情報を格納するのかについては，新築プロジェクトの初期の段階で決定し，設計・施工チームにインプットされなければならない。

　なお，**第 3 章図 3-3** に例示した FM で必要とされる情報・データのうち，形状情報については，FM では 2 次元の平面図があればことたりることが少なからずある（例　部署の空間配置）。また，3 次元の空間データが必要だとしても，設計施工時のような詳細な情報データは不要で，簡易な外形図的な情報で十分な場合もある。

　このように，設計・施工段階で形成された BIM による情報・データの一部が FM には必要であるという認識を前提に，その利活用が図られるべきである。

5-1-2　留意点 2：データの連携を図るために標準を活用する

　そもそも BIM のアプリケーション・ソフトウエアの間でも，オブジェクトのもち方，属性の設定はバラバラであることを留意しなければならない。そのことは，本章で説明している FM での BIM データの使い回しを大きく損なっている。

　こうした問題を回避するため，Building SMART という国際組織が活動し IFC（Industry Foundation Classes）の作成と維持を行っている。この IFC によるデータモデルは，異なる BIM ソフトウエアの間でのオープンな相互交換を可能とする。データ連携プロセスにおいて，

前述の建築 BIM 推進会議作成「BIM の標準ワークフローとその活用方策」ガイドラインは，「日常点検等や改修等を見据えると設計 BIM 程度の情報が必要」であるが，「施工 BIM のような膨大な情報は不要」であり，むしろ「維持管理・運用に必要な情報」が，必要なルールで入力されていることが必要」であると述べている。
そこで，維持管理 BIM の作成は，「維持管理 BIM は，設計 BIM を基本」とし，「さらに，施工段階で確定する設備等の情報（設備機器配置，機器仕様及びメーカー情報など）を入力する」とし，そのためにはプロジェクトごとに「維持管理 BIM に必要な情報及びモデリング・入力ルールを事前に設計・施工段階で共有しておく」必要があるとしている。

Building SMART：建設業界におけるデータの共有化および相互運用を推進することを目的として，標準化活動を行う国際的な団体。設立当初は，IAI（International Alliance for Interoperabilit）という名称であったことに，その設立趣旨がうかがえる。Building Smart が策定した IFC は世界の実務者の中で広く使われている。

IFC をどのように活用するかを記述したドキュメント MVD（Model View Definition）も提示されている。

　加えて，COBie ※（Construction Operations Building Information Exchange）という標準も普及しつつある。これは，米国の公的機関において，建築の設計者・施工者から，その建築の所有者への引き渡しの際の情報の受け渡しを円滑にするために定められたもので，スプレッド・シートの形式をとっている。

　これは，建築の使用者が，竣工図や文書類から，FM に必要な情報をいちいち抽出しなければならないことによる齟齬をなくすために，設計・施工段階で作成された情報から，FM に必要な情報をスプレッド・シート形式に抽出し，すぐに FM の業務に使えるようにしていることを意図していることによる。

　COBie Worksheet では，平面，空間，ゾーンに関するワークシート（Floor），部材のタイプに関するワークシート（Type），部材の仕様・型式に関するワークシート（Component），部材の製造者・供給者に関するワークシート（Contact）など，さまざまなワークシートが用意されている。

　COBie は，FM において便益を生むための標準化の試みであるといってよい。

　COBie は，また，スプレッド・シートを使用して送信するという簡易さにその特徴があり，そのことが FM にかかわる関係者間の情報の共有に貢献することが期待されている。

　仮に，留意点1が考慮されて，FM の対象となることがらが明示されていれば，新築建物の引き渡し時点で，COBie に則ったデータシートが BIM データをもとに引き渡され，そのまま，FM におけける定期的検査や保守交換などに活用していくことができる。

　ISO 19650-2 は，設計および建設ワークフローの特定の時点で必要な情報が，確実に交換されるようにするためのプロセスを定めている国際規格である。

　IFC，MVD，COBie などの標準を用いることで，BIM で作成したデータは，さまざまなベンダーが提供している IWMS ※（Integrated Workplace Management System：統合型職場管理システム），CMMS ※（Computerized Maintenance Management System：設備保全管理システム）でも活用ができるようになる。

　FM のシステムを段々と整備していく，という立場からみれば，既往の IWMS，CMMS が活用できることは，システムを構築するための費用を節減できるという意味で有り難いことである。

COBie：アメリカの公共発注機関がオープンスタンダードとして認めたフォーマット。BIM 情報を FM 段階で活用するための BIM データ交換手法。

IWMS：建築の使用者に対して，かゆいところに手が届くような高品質なサービスを提供するため，不動産のポートフォリオ，基盤設備や設備資産の管理，さまざまな経営資源の利用を最適化するためのソフトウェアプラットフォーム。

CMMS：コンピュータ化された保守管理システムで，設備保全の現場を支援・統制するシステム。

5-1-3　留意点 3：新たな種類の業務は緒^{ちょ}についたばかり

建築 BIM 推進会議が作成した**図 5-2** は，ライフサイクルコンサルティング業務，および維持管理 BIM 作成業務が行われることを前提にしている。ただし，これらの業務は確立され社会的にも認知されているわけではなく，同会議が作成した「BIM の標準ワークフローとその活用方策」ガイドラインが提案する新種の業務である。このガイドラインによれば，ライフサイクルコンサルティング業務は，設計段階などプロジェクトの初期段階から維持管理で必要となると想定される BIM データを検討したうえで，設計者，施工者，専門工事業者間での BIM データの共有を進める業務をいう。

具体的には，維持管理・運用の方向性の事前検討，当該検討の設計等への反映，維持管理・運用で必要と想定される BIM の情報の事前検討，当該情報およびモデリング・入力ルールの共有を担うとされている。

一方，維持管理 BIM 作成業務は，設計段階での BIM データに施工段階での BIM データを付加して，FM に必要な BIM データを作成して依頼主に引き渡す業務を指す。

ファシリティ・マネジャは，自らがライフサイクルコンサルティング業務を担うか，同ガイドラインが例示するように，PM/CM 会社，設計事務所，建設会社設計部，FM 専門部署をもつ施工会社等と業務委託をすることになる。

また，同ガイドラインは，維持管理業務の担い手として，建築士事務所，設計事務所，建設会社設計部，建設会社，工務店，BIM コンサルタント等を挙げている。

これらの業務がわが国で定着したならば，**5-1-1** に挙げた留意点の重要性は相対的に低下し，FM 執行責任者は，ライフサイクルコンサルティング業務，および維持管理 BIM 作成業務を担える者を見極めて，業務委託し，FM に用いる BIM データを納品してもらうにことになる。ただし，まだその担い手像は模索されているという状況であるので，留意点 1 は，当面の間，明記されるべきであると考えられる。

なお，文献（Atkins）によると，提出される設計・施工 BIM を基盤にした FM 用の情報について誰が責任を負うべきか，また，その引き渡しのために，設計・施工チームにとって，どれだけの追加作業が必要で，どれだけの費用がかかるかについては，十分な経験知が蓄積されているわけではないとのことである。

今後，設計者，施工者，FM 関係者の間で，費用，責任にかかわる分担について何らかのガイドラインを作成していく必要があるといわざるを得ない。

5-2　ライフサイクルにわたるプロジェクト情報の反映

　前節では，新築で作成された BIM のデータをいかに活用していくの
か，ということについて，説明した。ファシリティのライフサイクルに
おいては，修繕，改修のプロジェクトが繰り返されることになる。そこ
で，作成される情報も当然のことながら，FM に反映させていかなけれ
ばならない。

　図 5-3 は，その基本的な考え方を表したものである。

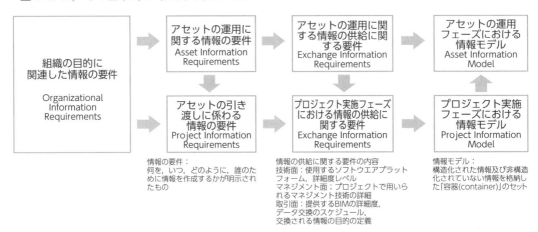

図 5-3　情報要求のフロー Flow of information requirements
(原典『Total Facility Management』Brian Atkin, Adrian Brooks, ISO 19650-3: 2020, ビルディング
情報モデリング（BIM）を含む建築および土木工事に関する情報の統合およびデジタル化―ビルディング情
報モデリングを使用する情報マネジメント―第 3 部アセットの運用段階（Organization and digitization
of information about buildings and civil engineering works, including building information
modelling (BIM)― Information management using building information modelling ― Part 3:
Operational phase of the assets）をもとに書き替え作図)

　図 5-3 に示すように，ライフサイクルで起こる，修繕，改修，交換
などのプロジェクトを実施するためには，ファシリティの情報が必要に
なることを示している。

　一方，修繕，改修，交換などのプロジェクトが完了すると，その結果
であるプロジェクトの情報を反映させていく必要もある。このように，
新築における BIM データを空間情報の中核に据えて FM を行う場合は，
新築において構成した枠組みに則って，そのライフサイクルにわたり情
報を更新していくことが重要である。

　BIM データは，

①　形状

②　空間構成

③　配置

④　構成材の数量と属性

⑤　構成材が設置される空間

に関する情報を統合できることに利点がある。この利点を活かして，新築プロジェクトのみならず，修繕，改修，交換などのプロジェクトにおける BIM データを，**図 5-3** のような，FM のためのファシリティの情報に反映させ，ライフサイクルにわたって継続していくことが望まれる。

第2編
民間のファシリティ マネジメント業務の実施

ファシリティ マネジメントの事例の概略

　ここに掲載する 3 事例は，「オフィス移転計画」，「分譲マンション建替え」，そして「ホテル経営改革」と，いずれも民間のファシリティ マネジメント業務の実施例である。

事例 1. 働き方改革時代オフィスへの移転計画

　「働き方改革※」の推進，個人のライフスタイルと価値観の多様化，テクノロジーを活かしたさまざまなインフラ・サービスの発達，など現代社会では社会環境が大きく変化していくなか，オフィス環境の変革が求められている。現状や課題を整理しつつ，事業の発展につながる「働きやすいオフィス環境の構築」に向けて下記の目標達成に取り組んだ事例である。

① 働き手に魅力的な働き場所を提供する。

② コロナ禍を踏まえ，今後の社会変化に対応可能なサスティナブルオフィス環境の整備を図る。

③ デジタルツールをより積極的に活用した業務効率の改善を目指す。

働き方改革：働き方改革実現推進会議が提出した「働き方改革推進するための関係法律の整備に関する法律（働き方改革関連法）」が 2018 年 6 月 29 日に可決・成立し，2019 年 4 月から施行されている。

　一企業がオフィス移転を機に，ファシリティをより有効に活用するため，使用するオフィス施設およびそれらの利用環境を経営的視点から，今後の働き方の変化に対応可能なフレキシブルなファシリティを設けるという目標を達成した，総合的な経営活動プロセスの事例である。

事例 2. マンションの建替え問題の解決方策

　建替え時期を迎えた築 48 年の老朽化マンションを有する管理組合にとって，現行の「マンション建替法」の制約，住民の合意形成の難しさ，建築費用負担の大きさ，などが障壁となり，建替え計画は遅々としてなかなか進まなかった。

　また，マンション建物の高経年化による老朽化と，居住者の高齢化が同時進行的に進んでいた。

　建物は適切に管理されなければ老朽化は確実に進む。またヒトについても高齢化する中で，毎日，安心，安全に過ごすための居住環境の整備も重要な命題であった。

　管理組合の幹部は，この難局を快適で魅力性のある施設再生計画を最少コストで実現するため，悪戦苦闘しながら住民の声を統合・調整し，専門家のアドバイスを得ながら，新規に改正された法制度を活用して，最終的に目標とする建替え計画を現実化した活動事例である。

事例 3. アフターコロナに向けたホテルのビジネスモデル改革

　コロナ禍で厳しい市場環境にあるホテルビジネス。今後アフターコロナにおいて，持続的な成長に向けて取り組むためには，これまでのビジネスモデルを抜本的に改革することにより収益改善を目指すことがホテル経営者にとって不可欠であった。

　そこで改革目標として，次の 3 点を重点項目として経営戦略をたて，従前の改革を実施した。

① 稼働率が 40％以下の厳しい市場環境でも収益が確保できるビジネスモデルをつくること。

② 今後の社会変化に対応可能なホテル情報の効率的な活用を図り，事業収支等の経営情報傾向がより具体的に可視化できるデータマネジメントシステムの構築・整備を図る。

③ 持続可能な社会に貢献するために，同社の企業コンセプトである地球環境に配慮した取り組み改善を目指す。

　さらに，ホテルスタッフの働きやすさの向上を考慮したうえで，"業務の効率化を図る"，そして顧客への"接客サービス水準を確保し，いかに固定費を減らすことができるか"という今回の最重点目標を追求した経営改革の事例である。

　上記 3 事例は，いずれも企業や組織が対象とするファシリティ（施設や利用環境など）に関する問題解決，あるいは生産性・魅力性・快適性などの向上に役立つさまざまな改善目標を達成するため経営的視点に立って，総合的に企画・管理する経営管理手法の紹介である。

　ファシリティ マネジメントの対象とする業務領域は，ここでは大きく次の 3 つに分類する。

① 経営戦略的業務

　経営・統轄マネジメントを軸とし資産管理や財務得価，生産性向上をファシリティの最適化を追求する。

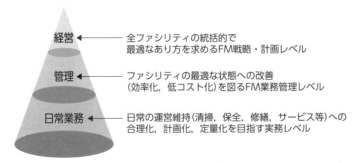

図 1　FM の 3 つのレベル（図表 02『公式ガイド ファシリティマネジメント』/JFMA）

② エンジニアリング業務

　ファシリティの快適かつ効率的な計画・建設運営維持を図る。

③ 日常サービス業務

　日々の手入れ，清掃，巡回点検，保全・修繕，設備の管理などを行う。

　これまでの「ファシリティ マネジメント」というと「施設管理」のイメージが強く，その運用管理において何か問題が生じてから解決を図ろうとする事例が少なくない。そのような方法では後手の受け身的な対症療法的となり，根本的な問題解決にはなかなか結び付かない。

　そこで第2編の民間FM業務の実施では，ファシリティを重要な経営的資源として，より大局的な経営的視点でとらえて，ハードおよびソフトの両面から積極的，かつ戦略的なマネジメントアプローチをとることで，ファシリティを有効・適切に計画・運営・管理し，経営戦略として能動的なマネジメントを行った実施事例を紹介している。

　情報化の進展，グローバル化，そして低成長化などの急速な社会環境の変化のなかで，FMはファシリティを"最善な状態にする"，あるいは，"いかに有効に活用するか"，などファシリティをより前向きに捉えて，経営戦略的な視点からマネジメントしていくことがますます求められる。

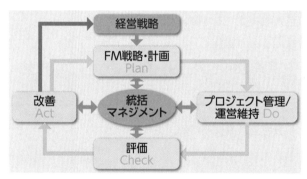

図2　FMの標準業務サイクル（図表03『公式ガイド ファシリティマネジメント』/JFMA）

　FMの実務的業務の基本スタンスは，「分析・評価と企画・計画」であり，現状の把握・分析→戦略・計画立案→計画実行→維持管理実行→評価という一連のPDCA業務サイクルを常に循環させることにより，目標達成を目指している点に注意が必要である（第1編第2章）。

　FM業務を実務に適切に導入することによるメリットとしては，下記の点が挙げられる。

・経営管理的な視点で最適で有効なファシリティの在り方，運用方法を

見出す

・LCC などを含め，ファシリティに関わる投資コストの最適化を図る

・利用者の視点で，快適性・利便性・生産性の向上に寄与する

　今回の事例は，オフィスの移転，マンションの再生，そしてホテルのビジネスモデル改革のそれぞれ実務例を記したが，読者が実際に課題解決業務に携わっていくうえで，これらの具体的な事例を通して参考になるよう心掛けた。

事例 1 ▶ 働き方改革時代のオフィス移転計画
―働きやすいオフィス環境の構築に向けて―

1. 新オフィス移転計画

図 1-1　東京のオフィスビル

1-1　背景

　いま，働き方改革の進展とともに，我々のオフィス環境は大きな変革が求められている。

　働き方改革の一環として，働き手の意識の変化や人手不足を背景に，社員の働きやすさを重視する姿勢は企業の間で広がりつつある。さらに，昨今，オフィス移転を契機として，多くの企業が「働く」ことの見直しをはじめ，「ワークスタイル改革」についての検討も並行して行うケースがとみに増えている。

　それに加えて，2020 年に勃発し世界的に猛威を振るった新型コロナウイルスの感染拡大は，企業やオフィスで働く人にとってこれまで当たり前だったオフィスのあり方，働き方，生活様式などを再考する大きなきっかけにもなった。

　このように，現代の「オフィス移転」は，単なる引っ越しのみでは終わらない。進展する「働き方改革」の観点から，ワークスタイル変革のミッションが上乗せされることも多い。

　近年，国の「働き方改革」の推進，個人のライフスタイルと価値観の多様化，テクノロジーを活かしたさまざまなインフラ・サービスの発達，などにより，働き方の選択肢が大きく広がってきている。従来ならば珍しいとされた就業スタイルで働く人の存在も，ずいぶんと身近に感じられるようになってきている。企業も社員も，これからの時代におい

ては，より一層多様化する働き方に対応しながら，最適なかたちを模索・選択していく力が必要とされるようになっている。

　この FM 事例 1 では，1 つの民間企業（E 社）が，「オフィス移転」を機に「働き方の多様化」をテーマとして，現状や課題を整理しつつ，事業の発展につながる施策に取り組んだ「働きやすい環境の構築」に向けての事例である。

2. 新オフィス移転計画の概要

2-1　民間企業（E 社）のオフィス移転計画

(1) 現状オフィスの環境

　東京・渋谷に床面積 3,900 m^2 のオフィスを構える民間 IT 関連企業
（E 社）。社員 300 名規模の企業であるが，東京駅至近の一等地へメイン
オフィスの移転計画を立てている。きっかけは，現在入居しているオフ
ィス賃料の値上げ。「どうせ高くなるなら，社員みんなが満足できるオ
フィス環境に変えよう」と移転計画が始まった。

　移転計画をきっかけに，今回は単なるオフィススペース確保の移転の
みならず，働き方のあり方も十分に考えたオフィス環境の向上を目指し
た。その検討した内容は以下のとおり。

① まず，働き方改革への対応実現を図り，社員に魅力的な働き場所を
　提供する。

② コロナ禍を踏まえ今後の社会変化に対応可能なサステイナブルオフ
　ィス環境の整備を図る。

③ 新オフィス環境の整備にあたっては，デジタルツールをより積極的
　に活用した業務効率の改善を目指す。

　また，企業側の視点から E 社にとって，オフィスの合理的な運営面
についても，下記の内容を十分に考慮に入れた計画としている。

① 新型コロナ感染流行の影響による在宅テレワークの大幅な広がりに
　伴い，働く場所の分散化が進み，オフィスに滞在する人数が流動的に
　なっている。そこで，オフィス収容人数の増減に対応しやすいフレキ
　シブルなスペースプランの検討から始め，戦略的にオフィス面積を効
　率化することを視野に入れる。

② また，E 社の企業経費におけるファシリティに要するコスト比率が
　年ごとに上昇しており，今回の移転計画を機に現状よりも 1 割のオフ
　ィス固定費削減を睨んだ方策を検討する。

③ 今やオフィスの社会環境も雇用形態の多様化や ICT（情報通信技
　術）などの急速な技術革新により，オフィスでの働き方がさまざまに
　変化している。例えば，オフィス以外の場所で仕事ができるテレワー
　ク，オフィス内での無線 LAN，TV・Web 会議，業務システムのク
　ラウド化などは多くの企業が取り組んでおり，ICT の活用が顕著に
　進んでいる。

　　E 社にとって，今回の働き方の見直しを契機として ICT の積極的
　な活用方法を念頭に置いた検討を進める。

(2) 現状オフィス環境の課題点

　現状オフィスの状況を分析し，E 社が現在抱えている課題点，そして改善見直しが必要と考えられる重点項目を以下のとおり絞り込んだ。

①　ワークスタイルの変化への対応整備

　社員の働き方については，無線 IP 電話※，無線 LAN，ノートパソコンなどのモバイル通信技術の活用が定着してきており，ワークスタイルも大きく変貌しつつある。今や，いつどこでも自由に情報にアクセスでき，かつまた会社にいなくても仕事が行え，離れた場所にいる人ともコミュニケーションが図れる社会環境に入っている。

　しかしながら，移転前の E 社におけるオフィス環境は，こうした ICT ツールを活用した働き方の変化への対応整備面が考慮されておらずいささか不十分な状況であった。

②　全体オフィススペースが手狭

　現在 1 人当たりオフィススペースは 13 m^2 と日系企業の非製造業のオフィスの平均的な数値である。ところが，社内アンケート調査結果によると，E 社社員の受け止め方は，実質的な執務スペースについてはやや狭く感じているという。オフィスレイアウトを分析すると，執務スペース以外の会議室や書庫・倉庫のスペースに 4 割強も占めていることに起因していた。

③　オフィススペースが常時有効利用されていない

　また営業部門の他，コンサルタント（エンジニア），企画開発部門の社員の比率は，全体の約 7 割を占めている。ところが，とくに営業・コンサルタント職の社員は，昼間にはオフィス内での不在の時間が多く，在籍率は概ね 5 割程度と必ずしも常時活用されていない。

④　紙資料・荷物などが多く，スペースをさらに狭くしている

　また，E 社では会議資料が多すぎて書類などの荷物が年を追うごとにどんどん増えており，これらがスペース全体の約 1 割近くも占拠しており，執務スペースを狭くしている要因の 1 つとなっていた。

(a) 1Fエントランスホール　　　　　(b) 基準階エレベーターホール

図 1-2

2-2　オフィスづくりの目標

（1）　オフィス選定の主眼点

　働き手の意識の変化や人手不足を背景に，社員の働きやすさを重視する姿勢は，各企業の間で広がりつつある。

　民間企業への入居オフィスに対する意識調査によると，オフィスを選ぶ際に"企業が重視する項目"のトップ3に，「立地・交通利便性」，「賃料・コスト」，「耐震性」が挙げられている。

　一方，"社員にとって何を重視するべきか"については，「交通の利便性」，「室内環境の質の確保」そして，フレキシブルな働き方が上位にランクされている。とくに，オフィスのなかでどのような執務環境（ワークプレイス）を望むかのソフト面については「フレキシブルな働き方」を重視する働き手がこの数年顕著に増えてきている。

フレキシブルな働き方：フレックス勤務や，在宅・その他オフィス以外でのリモートワークなどが可能な就業環境。

　また，「環境配慮」や「ウェルビーイング」に対応した施設を好む傾向にある。

　図1-3は，オフィス選定の主眼点を表している。**図1-3**から社員の視点では，フレキシブルな働き方のニーズが近年急上昇していることが読み取れる。

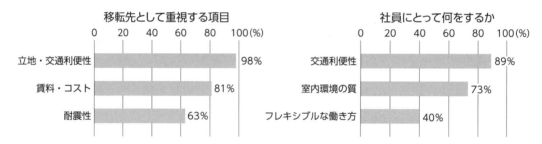

図1-3　オフィスに求めること（CBRE「オフィス利用に関するテナント意識調査2016」より）

　したがって，今回の新オフィス移転にあたってE社は，近年の働き方改革の進展，さらにはコロナ禍による執務環境の変化を反映したリモートワークなど，"フレキシブルな執務環境（ワークプレイス）への対応"に重点を置いた。さらに，社員の執務内容に見合うICT（情報通信技術）システムを活用する適切なワークスタイルの導入も課題として，移転プロジェクトがスタートした。

　上記を踏まえ，今回のE社のオフィス移転の主眼点を下記の4点に絞り，新オフィス選定上のポイント，並びに新オフィス環境の改善・方針整備の主要ポイントとした。

①　オフィスの立地・交通の利便性の向上
②　フレキシブルな執務環境（ワークスタイル）の提供
③　ICTツールの活用による業務効率の改善

④　固定費の削減

(2)　具体的な検討の視点

　上記の方針を踏まえ，下記の5項目を改善強化ポイントとして解決方策の検討を行った。

(a)　「働き方の見直し」の契機とする

　E社は，今回の働き方改革，そしてコロナ禍への対応整備を機に，「企業における働き方」を抜本的に見直すことからスタートした。そうすることで，ビジネス機会の創出，生産性の向上，組織のフラット化，雇用・就労形態の多様化，コミュニケーションの円滑化，ワークライフバランスの適正化など，企業と社員の双方にとってさまざまなメリットを生み出せるという観点を重視し，移転計画に取り組んだ。

(b)　新しいワークスタイルの導入によるスペースの見直し

　営業・コンサルタント，そして企画開発などの外出率の高い部署の社員には，働く場所の選択肢を与えることを基本とし，また，オフィス内でも従来型の固定化したデスクを設けず，オフィススペースのレイアウトを検討し，戦略的にオフィス面積の縮小・効率化を図る。さらに，会議室や書庫・倉庫などの共用スペースの使い方の分析を行い，より効率的な床面積の活用方策法の検討も視野に入れている。

(c)　自由な働き方を推進する動機付けとする

　今回の移転を単に面積やコストメリットだけでなく，社員にとって昔からの習慣にとらわれない自由な働き方の象徴として，働き手のモチベーションアップやコミュニケーション向上につなげるための動機付けとすることも念頭に置いている。

(d)　魅力ある職場づくり

　職場環境を改善し，「魅力ある職場づくり」が人手不足解消につながることから，人手不足感が強いE社では，「魅力ある職場づくり」→「人材の確保」→「業績の向上」→「利益増」の好循環をつくるための「働き方改革」を進め，より魅力性の高い職場づくりを目指すことも改善項目とした。

(e)　ファシリテイコストの削減

ファシリティコスト：ファシリティに要するコスト。

　2010年代後半は，都心部を中心にオフィスの空室が不足し，賃料が高止まりしたオフィス市況を反映して，E社の企業経費のファシリティに要するコスト比率が大きく上昇していた。今回の働き方改革推進の一環として，働く場所の多様化を進めることにより，移転前よりオフィス固定費を減らせる方策を検討をすることも視野に入れている。

　また，社内外を問わず，「デジタル化でアクセスできる情報は，紙媒体ではもたない」というコンセプトとし，ペーパーレス化を積極的に進め，省スペース化につなげることも加えた。

3. 新しいワークスタイルへの挑戦

　今回，新オフィス移転を機に，E社では同社の働き方についてのベースとなっていた既存の就業規則を見直し，柔軟な労働のかたちを可能にするという新方針を打ち出した。このように，積極的に「ワークスタイルを見直す」方向へと舵を切った背景には，次に示す社会状況の変化も大きかった。

　第一に，少子高齢化の進行と労働力人口の減少による人手不足があげられる。多様な背景やさまざまな個性をもった人材を積極的に受け入れ，最良のパフォーマンスを発揮してもらうには，働き方の選択肢も多様でなくてはならない点にある。

　もう一点は，インターネットの普及を最大の鍵とするICTの発達であり，今や技術的進化とともに社会と人々の暮らしに根づいてきているという背景もある。

　このように，個人のライフスタイルと価値観の多様化，テクノロジーを活かしたさまざまなインフラ・サービスの発達などにより，働き方の選択肢が大いに広がってきている社会背景を十分に考慮したうえで，E社の経営層はこの判断に踏み切った。

3-1　フレキシブルな働き方へ

（1）ワンフロア化にこだわり，面積減でも快適オフィスを

　E社では，もともと入居していたオフィスは2フロア借りていて，収納倉庫や書庫など使っていないスペースが多い。そのうえ，複数階に分かれてしまったため，フロア間の移動による時間的ロスやコミュニケーションの取りにくさに対する不満が社内に生まれていた。ワンフロアの規模が大きいオフィスはテナントにとって，部門や機能を集約できるため，効率的であり，使い勝手がよい。社員同士のコミュニケーションがとりやすいということで従業員にとっても好評だ。

　また，旧オフィスビルの築年数は40年と古く，空調や水回りなどの快適性にも不満があった。移転プロジェクトリーダーを担った人事部門のA氏によると，移転前のオフィスは，最寄り駅から徒歩15分の位置にあり，立地の利便性にも問題があった。また，社員の多くは営業職であるため，帰属意識の醸成が課題とされていた。だからまず利便性の高い場所，そして快適性の高いオフィスに移り，オフィス内の居心地をよくして，"帰ってきたくなるオフィス目指す"という要望に応えることも目標とした。

　今回の移転計画では，「ワンフロアに集約できる面積」，「ターミナル駅近くに立地する高品質オフィスビル」を移転の条件に設定。エリアの

見直しから始めた。

　最終的に移転先に決めたオフィスビルは，東京駅近く丸の内のビジネス街にある A クラス・グレードの大規模ビルで，立地条件から自社のブランディングも向上できると判断した。

　一方で，働く場所もこれまでのオフィス内のみならず，在宅勤務やサテライトオフィスなど多様な選択肢を選択させることで，メインオフィスの面積削減が可能になると判断した。そうすることで，移転前より賃料単価は増加するものの，結果的には全体オフィス固定費の削減に繋がってくる。

(2)「with コロナ時代」の働き方

　E 社にとって今回の移転計画中での新型コロナウイルス感染拡大により，多くの社員が外出自粛要請による在宅勤務を余儀なくされた。また，コロナ禍により「働き方改革」の一貫としてのリモートワークが一気に進み，社内で「オフィスって必要？」との議論も交わされた。

　まず，「with コロナ時代」に求められる変革について，社内でファシリティ・マネジメントの観点から，移転計画のなかで，今後の職場と働き方のあり方について改めて検討を始めた。

　2020 年以降，新型コロナ禍により，企業の働き方も次々と変化が求められている。人の移動が極端に制限された"緊急事態宣言下"，そしてコロナとうまく付き合う働き方を模索する"with コロナ時代"では，働き方もまたオフィスの役割も自ずと異なってくる。近年の自然災害やパンデミックと規模・質ともにこれまでとは異なる事態を経験して明らかになったのは，企業にとって「BCP ※＝事業継続計画（Business Continuity Plan）」の観点も踏まえ，オフィス内外における"働き方と働く場所"については「フレキシブル化（可変性）」と「見える化（可視性）」への対応が不可欠な要件になってきている点だ。

BCP：テロや災害，システム障害など危機的状況下に置かれた場合でも，重要な業務が継続できる方策を用意し，生き延びられるようにしておくための計画。

時間・場所にとらわれない	リモートワーク
社内との情報連携	
生産性の向上	仕事に合わせて場所を選択
	事業継続計画
(a) オンライン・コミュニケーション	(b) フレキシブル・ワークプレイス

図 1-4　新しいワークスタイル

　E 社では「柔軟性のある働き方」の取り組みとともに，今後はそこに，「社員の安心・安全を確保する」という新たな要素が加わった。つまり，感染拡大の状況に応じてオフィスで働く人数や社員間の距離をコントロールしながら，同時に生産性向上や社員満足度を維持する。

　それには，社員の働き方やオフィスの使用状況をモニタリングし，きちんと見える化を図り，分析したうえでオフィス環境を最適化し続ける新たなオフィス戦略が必要と判断した。

(3)　オフィスのハブ＆スポーク型の配置

　新オフィス移転を機に，従来とは異なる多様な働き方を推進する方向で E 社は動き始めた。基本的には，より“自由度の高いオフィス環境構築”を目指しているが，一方で社員一人ひとりの“生産性を高める職場環境（ワークプレイス）づくり”についてもさまざまな工夫を行っている。

　働く場所並びに環境については，with コロナに不可欠な「身体的距離（フィジカル・ディスタンス）」を，防護パネルなどの“モノ”ではなく，ワークスタイルの変化で確保する。それを具現化する新提案が，オフィスの「HUB（ハブ）＆ SPOKE（スポーク）」であった。つまり，中心拠点としての都心の中央オフィス（ハブ）面積を以前の半分近くの 2 千 m² にまで縮小し，在宅勤務希望者には在宅テレワーク対応とし，さらに，社員の自宅に近い郊外エリア（拠点）に小規模な“第 3 の職場（サテライトオフィス）”を 3 か所分散設置した。

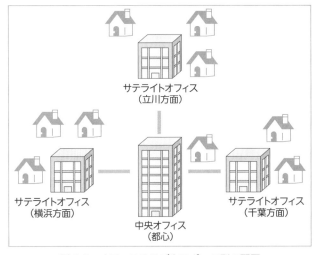

図 1-5　オフィスのハブ＆スポーク型の配置

(4)　多様な選択肢をもつワークスペースの環境整備

　各社員は業務内容に合わせてオフィス内外の多様なスペースのなかから好きな場所で働けるようにと考えた。とくに営業部門の担当者は，通勤の他，客先あるいは出張する機会も多く，移動に時間を費やしてい

る。限られた時間を有効に活用するため，働く場所を自由に選択できる制度としている。

　それに伴い，オフィスのワークスペースの考え方も柔軟に対応することとした。これまでオフィス・ワークスペースは，ほぼ300席すべて固定席だった。フレキシブルな働き方を進めるうえで，まずこの固定席の比率を全体の3割の90席と大幅に減らし，残りの7割の座席はフリーアドレスを含む多様なワークスペースを用意した。そして，各社員は業務内容に合わせてオフィス内外の多様なスペースのなかから好きな場所で働けるようにと考えた。

　この際，オフィス面積の都合から，固定席とそれ以外の執務スペースを合わせても全社員数より少ない170席しか用意しなかったものの，移転後，これまでに席が足りないなどの不満が出たことはない。その要因の一つが，在宅勤務制度やサテライトオフィスの利用を今まで以上に促進したことであった。つまり，社員に対し，「本社・在宅・サテライトオフィスのなかから都合のよい場所を選ぶ働き方を推奨し，そのメリットを理解してもらうよう努めた」。

図1-6　テレワーク導入による本社出社率の変化

　移転後は，オフィスの内と外に多様な場所の選択肢をもつ働き方となり，社内外での働く場所のフレキシビリティが社員から好評だという。とくに，「社員の離職率は明らかに下がっている」と移転チームリーダーのA氏。定量的な効果測定は今後の課題だが，人材確保の面ですでに手応えを感じているという。

3-2　ワークライフバランスの実現を重視

(1) ワークライフバランスとは

　以前のE社の働き方スタイルは，男性は朝早くから会社に来て夜遅くまで働いて，仕事が終わったら飲みに行く，というよくある日本的な会社の典型的なパターンだった。しかし，働き方改革の進展とともに，それではワークライフバランスの実現は程遠いということを経営層も感じていた。そこで検討した結果，今回の一連の働き方改革のなかで社員の生活（ライフ）重視を目指すことを重点に掲げ，E社の社風を変えて

いく必要があるという判断に至った。そのなかで働き場所のフレキシブル化やテレワークの導入ルールを移転チーム全員で理解して納得するまで，じっくり時間をかけて皆で話し合う機会をもった。

E社におけるワークスタイル改革を推し進めるための具体的検討内容として，下記の①〜⑥について議論した。
① ワークライフバランスの実現
② 事業生産性の向上（社員1人当たり売り上げ）
③ 働きがい
④ 残業時間
⑤ 女性離職率
⑥ ペーパーレス

検討を進めるなかで，会社にはさまざまな人がいて，例えば家庭の都合で早めに帰らないといけない人もいれば，家には仕事をもち帰りたくないので，残業してでも会社で仕事を終わらせてから帰りたいという人もいる。それぞれの社員にとって快適なオフィスを実現することができるための議論を何回も繰り返した。

その結果，まず今回は多様性を包括するための新しいワークスタイルの模索であり，そのツールとしてテレワークの積極的な導入を図るとの理解で一致した。また，働く場所を会社が決めるのではなく，社員に選択肢を提示して選んでもらう，という基本的な考え方で進める方向で固まった。

(2) 多様なワークスタイルの提供

このワークスタイルは，客観的に自分の働き方を考える契機にもなるので，社員にとってもありがたい。また，会社としても働き方の多様化

図1-7　ワークスタイルの多様化のイメージ（ワークスタイル変革において重要なのはダイバーシティ（多様性）の確保）

の推進につながり，優秀な人材の流出防止にも関連し，獲得する人材への大きなアピールポイントにもなる。会社に来ることが仕事ではなく，仕事をやることが仕事であり，最終的にそれぞれが一番能力を発揮しやすい，働きやすい環境を自分たちで見つけてもらえればいいという発想である。

　「在宅テレワーク」では，インターネットなどのICTを活用し自宅で仕事をする，という時間や場所を有効に活用できる柔軟な働き方が可能である。当初は，新型コロナウィルス感染症の感染拡大防止の観点から導入したが，今や在宅勤務を希望する社員への選択肢のひとつとしている。以前は，在宅テレワークでは難しいと思われる業務についても，緊急事態宣言を受けて，一旦やってみたら意外にできることがわかった業務もある。

　例えば，データの入力作業，修正・加工，資料作成，あるいは企画など思考する業務などの対応は十分可能であり，また，今後資料の電子化を進める，あるいは打ち合わせや会議などもWeb会議などのコミュニケーション環境をより一層整備すれば，十分対応できるとE社では判断した。

　また一方で，リモートワークは自分で自分を律する必要があり，そのような観点で考えると，むしろ会社に出社したほうが仕事をこなすのには楽だという社員がいるかもしれない。また，家だと会社から離れて一人で仕事している孤独感を感じることも考えられる。その場合は，固定席にして，会社で仕事をする方がよいとする働き方も可能だ。したがって，在宅勤務制度を導入する場合，会社側はそのあたりのバランスをとることが必要だと考え，フリーアドレスの他，固定席ゾーンも設けている。また，モバイルワークについては，現状ではまだ自宅やカフェが中心となっているが，どうしても自宅に場所がないという人のために同社では，サテライトオフィスを借りる選択肢も用意している。

 さまざまなワークスタイルが選択可能

オフィス　　　　在宅勤務　　　　外出先　　　　移動中　　　フレックスタイム

図1-8　ワークスタイル変革の実現は「いつでも」「どこでも」働ける環境の用意から

(3) 仕事内容に応じて働く場所を選ぶ ABW の導入

　ワークプレイスのタイプは，従来からの「固定席型」の他，「フリーアドレス型※」，そしてその発展形である「アクティビティベース型※

フリーアドレス型：固定席を作らずに自由な席で仕事を行える仕組みのこと。

（ABW※）」の3タイプに分けられ，それぞれが企業の目的（例えば，コスト効率性，組織のフレキシビリティ，個人の働き方など）に応じて選定される。

　働き方改革が進むにつれ，E社では，移転前は執務スペースの100%を占めていた固定席の約7割をより柔軟で自由度の高い働き方であるフリーアドレスとアクティビティベース（ABW）型への転換を図った。このフリーアドレスとABWとの違いは一体何か。

　まず，フリーアドレスは，「自由に座席を選べる」といった物理的な面や，資料やツールの置き場所・保管場所の省スペース化といったコスト面が重視される。

　一方のABWとは，フリーアドレス型と似ているが，社員がその日の仕事の内容や目的に合わせて最適な働く場所や机などを選ぶ働き方をいう。つまり，社員それぞれが「どのようなITツールを使用するか」，「どのメンバーと仕事をするか」，「会話を重ねながら仕事を進めるべきか」，「一人で黙々と作業をすべきか」，などオフィス内での環境・場所の中から最適な選択を自由に行うことができる。個々のベストパフォーマンスを引き出すオフィス環境をつくることがABWの本来の目的となる。

アクティビティベース型：仕事内容や気分に合わせて，働く場所や時間を自由に選ぶ働き方のこと。

	フリーアドレス	ABW
対象の場所	オフィス内座席	オフィス以外も含む
導入の動機	オフィス利用の効率化	従業員に働きやすい環境の用意
目的	物理環境の整備，省スペース	柔軟な働き方の実現

フリーアドレス

ABW

図 1-9　フリーアドレスと ABW との違い

　メインオフィスでは営業やコンサルタントのように外出が多い職種が社員の約7割を占めており，座席の使用率が5割前後と極めて低く，日中は空席が多くある点が「フリーアドレス」や「ABW」導入のメリットを生かせると判断した。ただ，フリーアドレスのデメリットとして"考えごとに集中し難い"，"プライバシーの欠如を感じる"といった声がある。また，毎日席が変わるフリーアドレスは，固定席に比べて"自分の居場所"という意識が希薄になりがちである。そこでE社では対応策として，ABW方式を取り入れ，個人で集中したいときに使える「集中コーナー」を設け，また話し声が互いに邪魔にならないよう「打ち合わせ用の席」を設けるなど不足する要素を補うスペースを用意している。

　例えば，研究・開発に携わる社員にはフレキシブルで創造性を発揮で

(a) (b)

図 1-10　ABW（集中ブース（a）とミーティングスペース（b））

きる環境として，仕事内容に応じ「集中ブース」や「交流スペース」，
「リラックス・スペース」といった働く場所を選べる ABW の考え方が
有効である。

　一方，逆に総務・人事や経理などの間接部門，また，自席を使用する
時間が長い，あるいは仕事内容として常に在籍を求められる職種につい
ては企業内でのデスクワークや連絡業務が多く，一般に在席率が高い。
これらの業種については固定席を全体の 3 割程度確保している。

　フリーアドレスや ABW 方式の採用により，削減したオフィス面積に
代わり，仕事内容や目的に応じた新たなスペース（約 300m²）を設けた。

4. 新しい働き方の実現

4-1 ワークスタイルの変化とオフィスの役割

　数年前までの E 社のオフィスでは，電話・FAX など限られた通信手段しか存在しなかった時代の働き方（ワークスタイル）を踏襲していたが，今やオンライン・コミュニケーションの利用を前提とした業務対応が一気に増えている。そこで，在席率の低い部署についてフリーアドレスや ABW※を導入することにより，オフィス空間を最大限に有効活用し，場所に依存せずに仕事ができるようワークスタイルの変化への対応を図っている。

　つまり，E 社ではオフィスを"人と人が会う場所"と位置付け，顔を合わせたコミュニケーションを今まで以上に大事にする。その一方で，顔を合わせる必要のない，単なる情報共有や各種の申請手続き・押印作業などには IT※を活用し，どこからでもアクセスできるように改善していく方針とした。

IT（Information Technology）：パソコンやスマートフォンなどのコンピューターネットワークを使った情報技術の総称。

　E 社では，ノート PC ＋無線 LAN の組合せで自席をもたず共有デスクを利用するフリーアドレスを導入し，オフィス全体のデスク面積の削減に効果が得られた。また，フリーアドレスの主たる導入部署は，アクティブなワークスタイルを重視する営業部門，顧客先で仕事をするコンサルタント部門，さらにはコミュニケーションを重視する企画部門で導入した。

　従来のデスクワークは，固定席が与えられて，打ち合わせ以外のほとんどすべての作業をそこで行うのが通常であった。そこで，今回の移転では ABW を導入することにより，業務で頻繁に利用する環境を整備し

図 1-11　フリーアドレス・ABW の状況

ている。例えば，打ち合わせをソファなどで行うなどフレキシブルに場
所を選んで働くスペースや，集中作業を静かな部屋で行える場所を用意
するなど程よい距離感でバランスよく配置している。

図 1-12　オフィス内外の働くスペース

4-2　高性能オフィスによる快適性の向上

　新メインオフィスが移転する場所は，東京駅から 5 分に位置する都心
部・丸の内の『A クラスビル』と呼ばれる高性能オフィス。その月額
賃料の相場は坪単価約 5 万円だ。この背景には，都心部を中心にオフィ
スの空室が不足し，賃料が高止まりしている近年のオフィス市況があ
る。しかし，テレワークなどの新しいワークスタイルの導入によりメイ
ンオフィスの面積を大きく削減する代わり，在宅勤務の他，主に営業職
の人たちを対象とするサテライトオフィスを郊外各地に 3 か所設けるこ
ととした。

　サテライトオフィスとは，他社の利用者を含め，フリーアドレス型で
利用する外部オフィス。自社専用スペースは無いが，その分，賃料 1 万
円程度の安価で利用できる。また，サテライトオフィスは複数のオフィ
スのなかから，社員が自宅からの通勤アクセス状況によって自由に選ぶ
ことが可能であり，また駅からも近く比較的立地条件がよい場所にある
ので，自宅からの交通時間や費用負担の軽減にもつながる。

　このサテライトオフィスの勤務希望者が約 50 名，さらに在宅希望者
が 60 名と，オフィス外での勤務者は相当数に昇った。このようにして，
その結果メインオフィスの必要面積は，これまでのほぼ 4 割近くの
2,340m^2 近くにまで減った。

　また，E 社の企業経費のなかで，オフィス面積が 4 割減となること
で，オフィス賃料をはじめ，オフィス設備を維持・管理・稼働するため
の光熱水費や清掃費などのファシリティに要するランニングコストが，
今回の新オフィス移転を機に，大幅な削減につながっている。

4-3　レイアウトの工夫によるスペース削減効果

　今回の新オフィス移転を通して，ワークスタイルの多様化に対応可能

な会議室や書庫・収納スペースのレイアウトの工夫により，さらなるオフィススペース削減効果も生まれた。

具体的事例は，①会議室レイアウトの見直し，および ②収納・ロッカースペースの見直しを参照。

(1) 会議室レイアウトの見直し

移転前，E社のオフィス面積については，1人当たり平均面積を十分満たしていたものの，社員の声では，実質的な執務スペースはやや狭く感じていた。その理由は，執務スペース以外の会議室や書庫・倉庫，レセプションなどに全オフィス床面積の4割も占めていることにあった。また，一方で会議室の数が足りないという声も課題のひとつであった。

これまでは，10～15人規模の会議室を4室確保していたが，実態の使われ方としては，小規模な3～4人程度の打ち合わせブースのニーズが圧倒的に高かった。この分析を踏まえ，新オフィスでは，大会議室を2室（53m²）減らし，その代わり小会議室を4室（23m²）増やすレイアウトとすることで，結果的に約30m²のスペース節約につながった。

また，今までは複数フロアに入居し，会議室を各フロアに設置していたが，ワンフロアになり，会議室を集中配置することによりスペース効率も高まった。

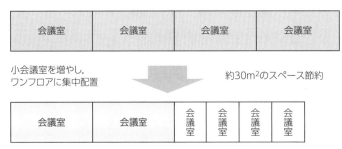

図1-13 会議室スペースの削減

(2) 収納・ロッカースペースの見直し

書庫・倉庫については，移転前の調査でも書類の5割は廃棄可能とされ，残りの2割は書庫移管可能で，他の2割はオフィス内での分類整理による保存が可能と判断された。これらの書類量の削減によって収納キャビネットが削減できたほか，デジタル化やペーパーレスとの相乗効果にもつながった。さらに，長期保存文書を外部倉庫へ移管したことも有効で，収納スペースの見直しのみでもオフィス全体の2～3％の面積削減効果を生み出している。最終的に"ペーパーレス化"を積極的に進める方針により，書庫・倉庫面積を約20m²削減している。

つまり，新オフィスでは，これら会議室ニーズの見直し，さらにはペーパーレス化による収納スペースの見直しにより，実質的な執務空間の狭さの解消を図っている。

さらに紙の書類を削減し電子化することにより情報共有システムを推進させ，ペーパーレス化を進めた（**図1-15**）。

フリーアドレスとすることで書類などはすべて，個人用のキャビネット，あるいは各部署の共用キャビネットに保管し，個人専用の空間は設けない。筆記具などの個人用の道具はキャスター付きのワゴンやトートバッグなどに保管し，適宜移動して使用する。個人が机をもたないために個人の持ち物が大幅に削減でき，これも省スペースにつながった。

図1-14　書類の分類整理の比率

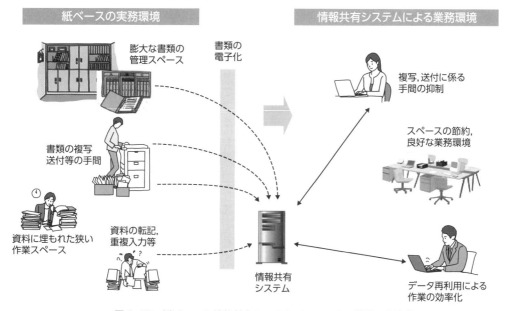

図1-15　紙ベースと情報共有システムベースによる業務環境比較

4-4　固定費が1割削減

E社では業務分析に基づき，どのような設備・機能をもった席がどれだけ必要かといった検討を行った結果，昼間外出が多い営業部門（80人），また顧客先が仕事場の中心となるコンサルタント部門（90人），そしてコミュニケーションを重視する企画部門（40人）のスペースには，机と椅子が用意されたカフェスタイルのオフィスを用意し，社員は携帯電話や無線IP電話，無線LAN，ノートパソコンをもって，空いている机で仕事をする方式を採用している。

つまり，オフィス利用対象者に対するフリーアドレス席の比率は70％であり，2.5人で1席を共有すると，上記3部門を合わせ，オフィスデスク面積は24％（940m²）のスペース削減に繋がる。さらに，前述の

会議室・倉庫スペースのレイアウト改善により 120m² 減が出ている。

　これに加えて，営業職を中心とするサテライトオフィス勤務者，そして在宅勤務者が約 110 名おり，最終的にメインオフィスの全体面積は，移転前よりほぼ 40%減（1,560m² 減）となった。

　フリーアドレスや ABW の採用によりオフィスのスリム化・面積減が可能になり，賃料の他，水光熱費や清掃などのランニングコストも低減し，結局 E 社のオフィス関連固定費は，移転前より 1 割以上の削減につながった。また，ICT（情報通信技術）を利用していつでもどこでも簡単に，求める情報が得られる仕事をすることになり，資料のデジタル化につながる。その結果，コピーにかかる用紙やインクなどの印刷費を削減することも可能になり，ペーパーレス化にも貢献する。

　最終的に，本社とサテライトオフィス 3 拠点，さらには在宅勤務という働く場所の多様化を図ることにより，オフィス面積は移転前と比べて約 40%削減している。

　面積削減によるコストダウンは魅力だが，面積が 4 割近くも狭くなるのであれば一般的に随分と窮屈なオフィスになるはずである。しかし，多様なワークスタイルを導入することにより，決して狭くなったというイメージはなく，オフィス内にもカフェとか広いレセプションなどの他の追加スペースも用意している。

　このように働き方の見直しを契機にスペースの効率化を図ることにより，オフィス面積は減り，他のさまざまな付加的スペースも生まれている。今回の移転によるオフィス面積減で，追加サテライトオフィスの賃料などを差し引いても，トータルで固定費（賃料，ランニングコストも含め）は当初目標の 1 割削減をほぼクリアできた。

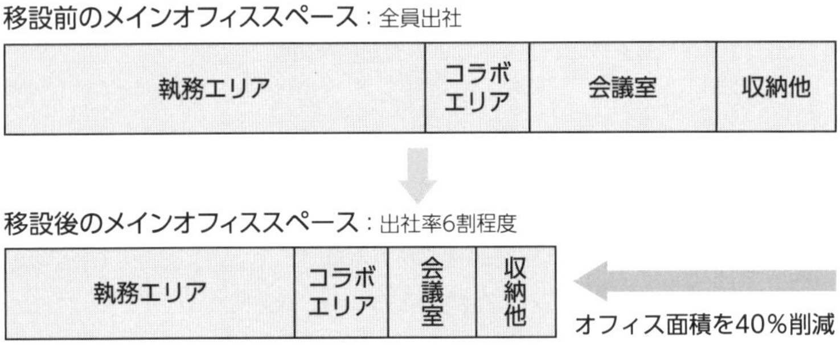

移設前のメインオフィススペース：全員出社

執務エリア	コラボエリア	会議室	収納他

移設後のメインオフィススペース：出社率6割程度

執務エリア	コラボエリア	会議室	収納他

オフィス面積を40%削減

図 1-16　オフィススペースの削減

表 1-1　移転前と移転後のメインオフィス比較

	人数	面積	一人当たりの面積
移転前の本社オフィス（当時）	300 名	3,900㎡	13.0㎡
移転後の本社オフィス（現在）	190 名	2,340㎡	12.3㎡

5.「ワークスタイル」改革の導入効果

5-1　ワークスタイル改革導入の成果

（1）ワークスタイル改革のメリット

　今回の E 社オフィス移転を機とする今回のワークスタイル改革への導入メリットを E 社および，社員の視点で見ると以下のようになった。

（a）企業側（E 社）にとってのメリット

> ・オフィス面積の削減による固定費 1 割の削減
> ・非常時に感染リスクを抑えつつ，事業の継続が可能
> ・社員の通勤負担の軽減が図れる
> ・優秀な人材の確保や，雇用継続につながる
> ・資料の電子化や業務改善の機会となる

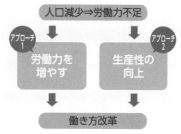

図 1-17　働き方改革 2 つのアプローチ

　まず 1 つ目は，オフィスコストの削減。在宅勤務のテレワークの導入により，これまでのような広いオフィスは必要なくなった。さらにフリーアドレス /ABW の導入による執務スペースの削減や会議室・書庫等レイアウト見直しによるオフィス面積の縮小による固定費の削減効果。

　これらは，電気代や水道代，コピー紙といったオフィス周りのコストや，通勤にかかる交通費の大幅な削減にもつながっている。つまり，今回のオフィス移転では，一等地に引っ越しのため賃料の単価は 6 割も上昇するが，一方でオフィス面積は多様な働き方を導入することで約半減している。結果としてトータルで約 1 割の固定費削減につながった。

　2 つ目は，人材確保の広がりである。優秀な人材を採用できるだけでなく，障害などで通勤困難な人を雇うことも可能となる。また，育児や介護などを理由に，E 社にとって必要な人材が退職するのを防げることなどもメリットとなる。

（b）社員にとってのメリット

> ・通勤の負担がなくなる
> ・外出しなくて済むようになる
> ・家族と過ごす時間や趣味の時間が増える
> ・育児や介護といった各社員の家庭の事情に応じた在宅勤務の選択肢もある

　社員にとっても，テレワークの導入によって「働く場所」の選択肢が増えてきた。例えば，自宅で仕事ができれば，子どもを出迎えたり，介

(a) 固定された就業時間×残業　　　(b) 多様な働き方(働き方オプション)が必要

図 1-18　働き方の選択肢を増やす

護のための介助をしたり，と家庭生活との両立もしやすくなる。また，通勤がなくなることで満員電車のストレスから解放され，通勤時間の節約，さらには自由時間が増え，趣味やステップアップするための勉強時間も取りやすくなる。また，それにより創出された時間を私生活の充実や社員満足度の向上に転化させることに有効であり，モチベーションの向上に寄与した。

(2) E社における働き方改革の今後の課題点

　E社のこれまでの働き方を大きく変えようとする今回の新しいワークスタイルの導入は，一見すると順調に進んでいるかのようだ。しかし，実際にやってみると必ずしもよいことづくめではない。とくに，自宅やサテライトオフィス，また移動中にモバイル端末を使って働くことができるテレワーク運用にあたっては，下記のいくつかの新たな問題が表面化し，課題点も見えてきた。そこでE社では，テレワークの課題として出てきた下記の点について，その解決方策の検討を図っている。

(a) コミュニケーション不足

　E社では，実際にテレワークを導入してみると上司や同僚とのコミュニケーション機会が目に見えて減少している点が仕事上の不安材料となっている。従来のオフィスワークであれば，相談やトラブル対応時も素早くコミュニケーションを取ることができ，スムーズな業務対応が可能であった。しかし，いまやテレワークでは社員がそれぞれ異なる場所で業務を行うため，相談をするだけでも時間がかかっている。

　また，社員同士による情報共有にも影響が出ている。取り組んでいる仕事の情報交換や，ビジネスアイデアの創出機会が，今までのオフィスワークでは頻繁に見られた。しかしながら，このテレワーク導入は，社員のコミュニケーション頻度が減少し，E社全体の生産性低下につながりかねない不安要素でもある。また，社員と対面する機会が減少するこ

とで，従来のオフィスワークでは当たり前だった「報・連・相」が行えない場面にも会社側は注意しなければならない。

　そこでE社では，遠隔で仕事を行う際も，会社と社員間，あるいは社員同士のコミュニケーションをスムーズに行うため，定期的に社員とコンタクトを取り，業務状況を報告する体制とし，遠隔でのテレビ会議やチャットツールなど対話をサポートする新システムをより積極的に採用している。また，顔を合わせたミーティングを定期的に行うなど社員間で信頼を得ながら働くことができる仕組みづくりを進めている。

(b)　仕事の進捗状況の把握の難しさ

　テレワーク導入のさらなる懸念材料として，業務の進捗状況の把握が難しい点もあげられた。オフィスワークでは，同部署のメンバーが近くに座っていることから，チームとして行っている業務に関して，互いの進捗状況の確認を行いやすいのがメリットだが，テレワーク移行後の業務では，同僚や部下が取り組んでいる仕事の可視化が難しい状況となっている。

　そこで具体的な対応方策として，E社ではテレワーク社員の労働時間を正しく把握するために，パソコンの操作ログによって勤怠管理をするシステムの導入を図っている。

(c)　労働環境の管理や業務評価が難しい

　また，オフィスワークと異なり，社員の様子を直接見ることができないのが難点でもある。上司の目が届かなくなることで，勤務時間が守られなくなってしまうことや，業務に対して手を抜く社員が出ることで，生産性の低下につながる原因となる可能性もある。

　一方で，仕事とプライベートを切り離しにくく，社員のサボりだけでなく，労働時間の管理やワークライフバランスにも注意が必要となってきた。

　テレワーク社員にとっても，上司がその仕事ぶりを適切な人事評価が可能か，などの不安も出てくる。したがって，業務にかかる時間や難易度を管理職がきちんと把握することが重要となってくる。テレワークなどの多様な働き方をする社員を適切に評価するために，労働時間の長さを評価するのではなく，仕事の成果を評価する人事制度を主眼点とするように改めている。

(d)　端末の情報セキュリティに関するリスク

　もう1点，テレワーク導入に伴う情報セキュリティ面での不安があげられる。テレワーク導入に際しては，社員が外部に情報を持ち出すことによる情報漏洩のリスクが高まる。自宅やサテライトオフィス，また移動しながら働く社員が使用する端末のセキュリティに関して，十分なリスク対策が必要となる。E社では，まずはテレワークの運用を想定し

て，社内のセキュリティーポリシーを見直した。そのうえで，ウィルス対策ソフトの導入やパスワード管理の徹底など，セキュリティ対策を万全に行うこととしている。

　端末の紛失や盗難といったリスクに対しては，テレワーク端末の所在や利用者の管理，また機密性の高いデータは暗号化する，あるいはデータのバックアップを取るなどの対策を徹底すること。また，情報セキュリティやトラブル時の対応などに関する社内研修も同時に実施することとした。

6. まとめ

　本事例 1 は，ビジネス環境が急速に変化している現代において，移転計画を機に E 社の経営陣が導入した働き方の見直しを考慮したオフィス戦略のケースである。

　E 社は，人材確保や生産性向上の観点から今後の企業の将来を見据えると，テレワークをはじめとする「働き方改革」および「ワークプレイス改革」を推進することが不可欠だと判断し，改革を実行した案件例である。導入当初は，さまざまな新たな課題点が浮かび上がってきたが，E 社はこれらの課題は ICT テクノロジー技術の進展とともに十分克服可能であると判断しており，今後は多様な働き方がさらに進展・定着していくと見ている。

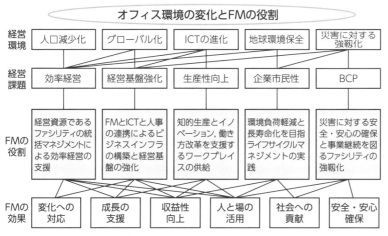

図 1-19　オフィス環境の変化への対応に "FM 戦略" を

事例 2 ▶ マンションの建替え問題の解決方策
―老朽化分譲マンション建替え方法の最善策追求―

1. 背景

(a)　　　　　　　　　　　　　　　　　　　　　　(b)

図 2-1　マンションの Before (a) /After (b)（イメージ）

　わが国のマンションストック数は，令和 3 年末時点で 686 万戸。その
うち築 40 年超の高経年物件はストック総数の約 17%となる 115 万戸を
超える。これから 10 年後には約 2 倍以上の 249 万戸，20 年後には約 4
倍近くの 425 万戸にも上る見込みだ。そうなると，今後は建替えが必要
となる物件数が大幅に増加することは必至と考えられる。

　ところが，これまで建替え実施完了にまでこぎつけた物件は，この
20 年間，全国の累計でわずか 260 件あまり。築 40 年超の全物件数の 1
%にも満たない。この背景にあるのが，マンションの建替えには，住人
の 5 分の 4 以上の賛成が必要であるという区分所有法が重くのしかか
り，建替えを断念せざるを得ない事例が極めて多い。

　さらに，築 40 年超のマンションでは 60 歳以上が居住者の半数以上を
占めるといわれており，建物の老朽化のみならず，高齢化社会における
住民の老齢化もこれに拍車をかけている。また建替え決議までたどり着
くまで相当な年数を要したり，あるいは途中で頓挫してしまうケースも
決して少なくない。

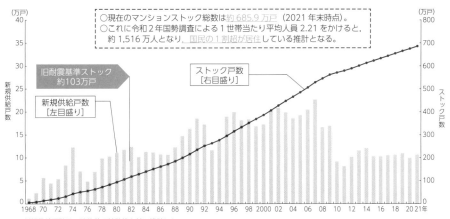

※ 1．新規供給戸数は，建築着工統計等を基に推計した。
　 2．ストック戸数は，新規供給戸数の累積等を基に，各年末時点の戸数を推計した。
　 3．ここでいうマンションとは，中高層（3階建て以上）・分譲・共同建で，鉄筋コンクリート造，鉄骨鉄筋コンクリート造又は鉄骨造の住宅をいう。
　 4．1968年以前の分譲マンションの戸数は，国土交通省が把握している公団・公社住宅の戸数を基に推計した戸数。

図 2-2　分譲マンションストック戸数
（国土交通省「最近のマンション政策について」より）

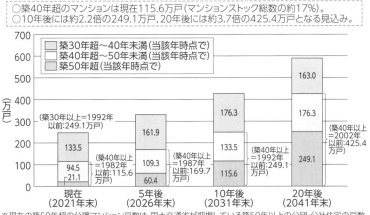

※現在の築50年超の分譲マンション戸数は，国土交通省が把握している築50年以上の公団・公社住宅の戸数を基に推計した戸数。
※5年後，10年後，20年後に築30,40,50年以上となるマンションの戸数は，建築着工統計等を基に推計した2021年末時点の分譲マンションストック戸数及び国土交通省が把握している除去戸数を基に推計したもの。

図 2-3　築後 30，40，50 年超の分譲マンション戸数
（国土交通省「最近のマンション政策について」より）

　建替えに成功すれば，住環境は大幅に改善し利用年数も大きく延びる。また，都心の 1 等地や駅から 5 分程度の利便性の高い立地条件のよい物件では，うまくいけばまったく建替え費用すらかからないケースさえもある。

　一方，築年数の古いマンションで建替えに至らない場合は，悲惨な状況になる場合も考えられる。古い設備と劣悪な環境に修繕費が追いつかず，最悪の場合，スラム化したマンションで生活せざるを得ない状況もあり得る。

　事例 2 で紹介するのは，老朽化が進んだマンションに住む居住者が建物管理組合を通して「マンション建替え」に到達するまでのプロセスを描いた事例である。

2. 老朽化した分譲マンションの建替え計画の現状

都心から電車で約1時間半の郊外の八王子にある9階建ての分譲Fマンション。最寄り駅からは徒歩8分，70戸が入る物件である。

この分譲Fマンションは，建築後48年を経過し，施設の老朽化とともに住環境が悪化しており，建替えを考慮すべき時期だが，検討はまったく進んでいない。

図2-4　老朽化マンション（イメージ）

■現状（再建前）のFマンション建物概要：

- ・用途地域：商業地域　指定容積率300％
- ・敷地面積：1,500m²
- ・構造・規模：鉄筋コンクリート造・地上9階，延床面積約4,500m²
- ・竣工年月日：1973（昭和48）年（旧耐震基準）
- ・戸数：住宅70戸，店舗3戸
- ・住戸の規模：1住戸当たり平均約50m²
- ・権利形態：所有権（マンション敷地売却決議時権利者数60人）

Fマンションは，建築建物の老朽化が顕著に出ており，その状況は以下のとおりである。

(a) 建物の物理的・機能的劣化が著しい

Fマンションの1住戸当たりの専有面積は約50m²と狭い住戸が多く，また出入口の段差解消や廊下・階段へのスロープや手すりの設置といった高齢者にとってバリアフリー化対応が極めて不十分な居住環境にある。さらにまた，給水タンク，設備機器や給排水管の劣化が目立ち，漏水のトラブルが頻発し，修繕工事を行うたびに多額の費用負担が必要となっていた。

(b) 修繕積立金では対応が困難

これまで長期修繕計画を作成していないため修繕積立金に対する住民の意識が低く，管理費が8千円，修繕積立金が5千円と通常よりはるかに低額だったために十分な建物維持管理費や修繕資金を有せず，その都度，局部修繕で対応してきている。

(c)　建物の建替えに関する居住者の関心の低さ

　長い年月を経るなかで，居住者の高齢化や家族構成の変化が進み，所有者で居住する者の3割は70歳以上の年金暮らし。また，新しい所有者のなかには，マンションに住まず部屋を「賃貸」に出す人が1割近くもいる。さらに転出者も数戸出ており，所有者の所在が不明だったり，連絡がとれなかったりして，空き家も少しずつ目立ち始めており，建物の建替えについての居住者の関心はすこぶる低い。

(d)　管理組合運営が十分に機能していない

　これまで管理組合は積極的な施設管理を行っておらず，十分に機能していなかった。この背景にあるのは，高齢者が多くなり管理組合の役員の担い手が不足していること。さらに当初購入した夫婦の次の世代の二代目所有者が相続して住戸を別の人に転売している，あるいは部屋を賃貸に出して自分が住んでいない所有者など，居住者の施設管理に対する積極的な関与は極めて薄いことにある。

　このように住民の建物管理の意識が薄く，住環境はますます悪化し，修繕費がさらに増えていくという悪循環の建物管理状況にあった。

3. 建替え計画への管理組合の反応

老朽化したＦマンションで発生している主な問題点を整理すると以下のようになる。

・耐震性の低さによる安全面の不安。

　（昭和48年（1973年）築の本物件は,「旧耐震基準」で設計されており, 現在の耐震基準である「新耐震基準」（1981年改正）を満たしていない。）

・給排水管設備の劣化や不具合が発生している。

・手すりや段差等高齢者への生活対応が不十分。

・管理費や修繕費負担が増大している。

このように, Ｆマンションは地震などに対する安全性に不安を抱えている点に加え, 給水設備が古く配管トラブルが相次いで発生している。現在の建物状況は, 経年による物理的な劣化のみならず, バリアフリー化への対応など機能的な劣化も多く見られる。このまま何も改善策を講じないで放置すると, まさに本マンションは老朽化とともに, スラム化しかねない。

・遠のく建替え計画の検討

そこで管理組合の理事長のＡさんが『建替えを検討しよう』と理事会で提案しても, ほかの住人, とくに高齢の方はほとんど無視に近い状況であった。

「せっかく買った物件なのに, このままだとますます管理機能不全に陥り, 住環境が悪化し, 建物の資産価値が下がる一方かと思うとやり切れません」とこのマンションで一人暮らしをするＡさんはこう理事会で訴えた。

すると70代の高齢の理事たちから「私が死ぬまで待ってよ」,「もう何年も生きないのに建替えなんてバカバカしい」,「工事の間, どこに住めっていうの？」, とまさに集中砲火状態であった。

「これではマンション価値も下がる一方。せっかく買ったマンションですが, おカネができれば出ていきたい」とＡさんは嘆く。

一方で, Ａさんと親しい住民のなかには, 建替えに積極的な人も数名いる。しかし, 協力者は少なく, 建替えの可能性はさらに低くなった。こうして建替えが遅々として進まないなか, 転出者が増えはじめ, とくに残った居住者は高齢者がさらに増え, 当然のごとく建替え計画は遠のいていった。

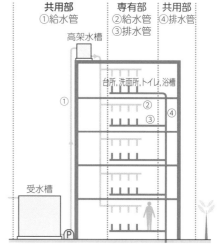

専有部の横引き管は住民各自が保全することになっているが, ほとんど手付かずの場合が多い

図2-5　水漏れ頻度が最も多い専有部の横引き管

4.　建替え計画の浮上

　そんな状況のなか，建替えの話がもちあがったのは 2011 年。きっかけは東日本大震災であった。2005 年に耐震偽装事件が起こったために，2007 年には建築基準法が改正され建築確認等のチェックがより厳しくなっていた。そして 2011 年には東日本大震災が起こり，建物の耐震安全性への不安感が住民間で一気に増していた。今後の地震発生もこれから 30 年以内に巨大地震が起こる確率が 70％という予測も出ている。

　加えて，建物の劣化も日増しに進んでいくなか，住環境の悪化に対する住民の不満も高まっていた。そこでマンション管理組合は，解決の方策として「大規模修繕を行って建替え時期を延ばす」，あるいは「建替えにする」のいずれかの判断に迫られていた。

　居住者との話し合いの末，管理組合は「今後約 2 年間を目途に"大規模修繕と建替えとの比較検討"を行い，2 年後には再生の方向性を決定する」という結論を下した。ただ，進めていくうえでの留意点として，とくに高齢者が多数居住していることを考え，高齢者の立場にとっても住環境の改善につながる"丁寧な合意形成を図る"，という前提で検討を進めることを決めた。

　また，管理組合では今後「修繕か，あるいは建替えか」の判断や今後の進め方などについて専門家のアドバイスを得るためコンサルタントを導入することも決定した。

5. 修繕か建替えかの判断

　一般的には大規模修繕と建替えとでは，大規模修繕のほうがコストは安く済み，住民が一時引っ越しをするなどの手間もかからない。しかし，大規模修繕や改修では根本的な解決策が見つからない場合は，「建替え」を選択する。

　管理組合にとって，建替えと修繕との比較検討を進めるにあたって，コンサルタントの支援を得ながら，それぞれの居住性などの改善効果を把握し，出てきた工事費用を算定して比較検討を行うこととした。

　また，建替え決議を行うにあたっては，区分所有法により，建替え費用のみならず，修繕の費用についても算出し，全区分所有者に通知することが必要とされている。

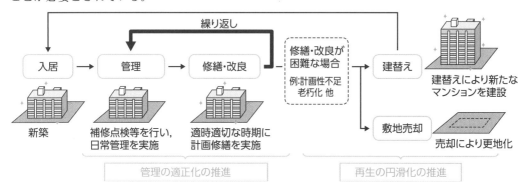

図2-6　マンションの適正な管理と再生フロー（イメージ）
（国土交通省「マンション建替円滑化法の改正概要」より）

(1) 大規模修繕と建替えの比較

　まず，現状の設備や共用施設を維持するために必要な大規模修繕の内容を基に，工事費用の見積もりを建設会社から徴収した。その結果，共用部分のみで1住戸当たり約610万円という数字が出てきた。その共用部の修繕工事の内容と内訳は，以下のとおりである。

・現状の配管設備や外壁修繕に要する費用は，1住戸当たり約210万円

　（＊ただし，20年後には，また200万円程度が必要となる）

・高齢者バリアフリー対応，並びに居住性の向上に要する費用は，1住戸当たり約400万円（内訳は下記のとおり）

　高齢者用バリアフリー工事（エレベータ設置，段差解消，等を含む）　約230万円

　居住性の向上（各戸のサッシ改修，玄関扉の変更，手摺更新を含む）　約170万円

・共用部分の修繕工事費用を合計すると，1 住戸当たり約 610 万円となる。

・これに住戸専有部分の修繕更新費用（クロス張替え・システムキッチン・ユニットバス等）が 1 住戸当たり平均で約 300 万円。

・共用部と住戸専用部分を合計すると，大規模修繕工事では 1 住戸当たり 900 万円にも達する。

　築後 48 年であり，組合では大規模修繕実施後の F マンション（躯体）の期待できる想定残存期間の調査を専門家に依頼したところ，今後最長でも概ね 20 年程度の耐用年数だろうとの見解であった。

　また，現行の 1 住戸当たりの平均専有面積は約 50m^2 と住戸規模の増加変更は難しく，今回の大規模修繕対応では住戸狭隘化問題の解決にはつながらない。

(2) 建替えへの決断

　大規模修繕計画案に対する居住者の反応は，以下のように極めて厳しいものであった。

　　・「出てきた修繕費用が思っていた以上に高額なので驚いている。修繕・改修にこれだけ費用がかかるなら，いっそのこと建替えた方がよいと思う」

　　・「当面は修繕改修でもたせても，今後 20 年の間には建替えの話は必ずでてくるだろう」

　　・「年金生活者なので蓄え金は全然ありません。共益費でまかなえる程度の修繕・改修をお願いします」等々。

　つまり，今回の大規模修繕計画では，躯体の寿命への不安や住戸面積の狭隘など住民の要望の強い課題の解決には程遠く，また，思いのほか費用がかかるという意見が大多数であった。この状況下での住民の再生の意向は「修繕では限界，建替えたい」という方向に傾いていた。

　折しもこの時期は，東京都が一部のマンションは耐震強度を診断せよという条例を制定したタイミングであり，コンサルタントのアドバイスもあり，この F マンションも補助金を得て耐震診断を依頼していた。

　その診断結果でも，F マンションは安全性を示す耐震性の数値が基準を下回っていた。耐震補強工事にかかる金額を試算してもらうと，1 住戸当たりさらに 200 万円かかるとのこと。理事長の A さんはいっそのこと建替えたほうがよいと思い，建物の安全性の観点からも建替えを提案した。

　理事会では，大規模修繕工事では根本的な問題解決にはつながらないという意見が大多数であり，さらに耐震診断結果も踏まえて，最終的に建替えに舵を切ることとした。したがって，今後は建替えで検討を進めるという結論となり，区分所有者に通知した。

(3) 費用負担の大きさと合意形成の難しさ

建替えの方向が決まると，次に建替え工事費用の検討を行った。

工事費用の見積もりを取ると，1住戸当たり平均約2,200万円という数字が建設会社から出された。これに対して，高齢の居住者からの具体的な建替え費用への反応は下記のとおりであった。

> ・「年金で生活をしており，なんとか住宅ローンを返し終え，月数万円の管理費等を年金でやり繰りしている現状です。それ以上の負担は厳しいです。」
> ・入居者のなかには，中古マンションとして購入してきた若い世帯もいて，建替えに賛成する人もいた。しかし，建替えには当然ながら多額の費用がかかるが，これだけの金額は積み立てていない，という声が多かった。

図2-7　マンションの建替え

結局，居住者のほぼ7割が建替えに伴う「住民の費用負担」の大きさを懸念しており，これが建替え計画を前進させる大きな障壁となっていた。また同時に，「仮住まいの問題」も深刻で，引っ越しや建て替え中の仮住まいの家賃も加わる費用負担はもとより，2回も引っ越さなければならないといった労力面が高齢居住者に精神的負担を強いる。とくに要介護者にとっては，高いハードルとなっていた。

いずれにせよマンションの建替えを進めるには，区分所有法に基づく建替え決議で住民の5分の4以上の賛成が不可欠である。

このような状況下で建替え決議を行うと，やはり建替え案に合意した区分所有者は約半数のみであり，住民（区分所有者および議決権）の5分の4以上の賛成は得られず，結局，建替え計画は否決された。

この段階でマンション建替え計画は中倒れとなり，再び暗礁に乗り上げてしまった。

6.　最適な再生手法の検討

（1）所有者の合意形成の難しさ

　Ｆマンション建替え実現のハードルが高い大きな理由は２つあった。１つは自己負担額の大きさ。もう１つが，区分所有者の合意形成の難しさである。

　まず，工事金額は近年の建築費の高騰は著しく，余剰床などの床面積緩和条件がない物件は，建替えに際して購入者に大きな負担を強いることとなる。さらに，マンションの建替えを進めるうえでは，現行法の区分所有法による建替え決議要件である区分所有者と議決権の 4/5 以上の賛成がなければ先に進めない。

　したがって，管理組合は，建替え計画を阻む障壁となっている住民の費用負担，そして合意形成の２つの問題をクリアしなければ先に進めない。

　そこで，理事会は，区分所有者に建替え決議の合意が得られなかった理由についてアンケート調査を行った。

　住民の回答結果を集約すると以下のとおりであった。

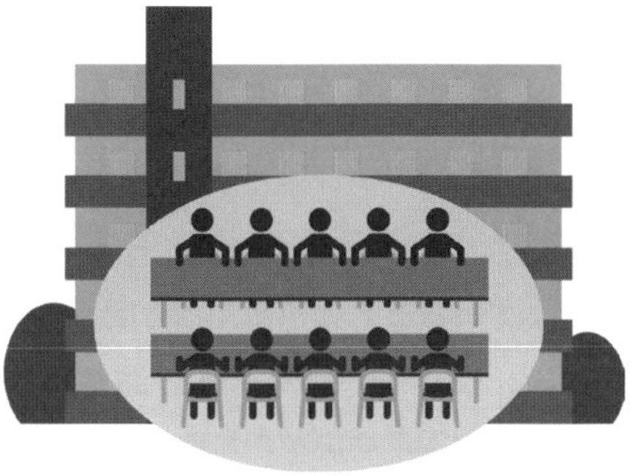

（a）Ｆマンションの立地及び法的条件による負担費用の大きさ

図 2-8　マンション管理組合

　「都心の人気エリアや利便性のよい地域のマンションで『住民の合意形成ができない』というだけなら，まだ建替えの可能性は十分に残されている。しかし，この物件のように余剰床もなく，郊外にある立地条件も抜群によいわけではない。経済的な負担が重くなりすぎては，建替えに合意するのは難しい」という住民の声が多数だった。

　ただ，マンションによっては，区分所有者の費用負担を軽減できることがある。それは容積率に余裕がある場合だ。容積率とは「敷地面積に対する建物の延床面積の割合」のことで，容積率に余裕があるということは，簡単にいえば「戸数を増やすことができる」。しかしＦマンションの容積率は，現状でギリギリの 300% を最大限使っており，これ以上増床するのは現行のままでは法的に難しい。

　つまり，このマンションは，容積率の観点から余剰床面積が見込めない。そのため結果的に建替えに必要な自己負担額が大きな負荷となっている。住民にとってこれだけ高額の費用負担を捻出するは難しいので建替えには反対，という声がこの段階で多く出てきた。

　一般的には，再建築建物の規模が現在より２～３倍以上に増えないと，現状の専有面積を自己負担なしで取得はできず，実質的に無償での建替えは非常に難しい。

(b) 高齢者にとって建替えは負荷が大

・「工事中どこかに仮住まいし，完成したらまた戻って来る，というのはのは高齢者にとって本当に面倒だし，負担が大きい。建物にいろいろ不具合が出ていることは百も承知しているが，このままでも十分住める。私はもう自分の寿命も終わりが近づいているので，終の棲家として静かに暮らしたい」。そういって建替えに不賛成な高齢者も少なくない。

建替えは，高齢者にとって仮住居での生活や引っ越しに不安があり，かつまた建替えや仮住まいなどの費用負担も余儀なくされる。全住民の3割を占める高齢者にとっては，建替えは重荷であり否定的な意見が多かった。

(c) 関心の低さ・調整の煩わしさ

・「建替えの実施期間中は家賃収入が途絶えてしまうので建替えには反対だ」というのは所有住戸を賃貸化している非居住者オーナー（区分所有者）。今や全所有者の1割を占める。このように自らの住戸を賃貸している彼らの建替えへの関心は概ね低い。

・また，「何十回も住人同士の話し合いが設けられ，建替えの合意を得るのに相当な期間がかかる。一戸建てなら自分の意思だけですべてを決められるのに，マンションは何とも煩わしい」と調整や手続きに相当の手間と時間を要することが煩わしいと訴える住民もいる。

(2) 所有者が選択可能な再生の仕組み

所有者が本マンションの建替えに合意できない大きな要因は，経済的に費用負担が大きいことのほかに区分所有法に基づく「建替えをクリアすること」の難しさにある。現行の区分所有法の建替えの仕組みでは，各住民の要望や事情に合致する最適な選択肢がなかなか得られ難い。この点が建替え決議での合意を難しくしている大きな理由である，ということが管理組合にとってだんだん見えてきた。

現実に，従来の「区分所有法」では，建替えは同じ敷地にマンションを建て，以前の区分所有者が再び入居することが前提となっている。

ところが実情は，すでに老朽化が進んだマンションでは，さまざまな事情により所有者が自ら居住せずに第三者へ賃貸していたり，空室のままにしていたりする所有者も少なくない。相続した後に放置されているケースもある。そのような状況下では，再居住を前提とした建替え方式には選択肢がなく，建替えに賛成するのは極めて難しい。

具体例を挙げると，高齢者にとって再建後の居住や投資の選択肢が広がれば，「このマンションを売って2千万円もらって，子どものところで同居できる」，あるいは「老人ホームに入居できる」などの選択も可能となる。そうすれば，再入居以外の選択も出きるようになるし，また

自由度も高くなる。マンション再建後に，所有者の事情に合った選択肢を用意してあげて，納得のいく説明をしてあげられれば，建替えの合意形成は従前よりはるかにスムーズに成立する可能性が出てくる。

　これまでの区分所有法による建替え制度は，マンション再生の有効な選択肢ではあるが，実際に老朽化したマンションの建替えがなかなか進まない大きな理由の1つはここにあるようだ。

　上記の条件に対応できる方法について，管理組合では検討話し合いを何回も重ね調べた結果，Fマンションの再生手法として「マンション敷地売却制度」が有力な選択肢として浮上してきた。

(3) マンション敷地売却制度とは

　敷地売却制度とはこういうものだ。

　2014年から「改正マンション建替え円滑化法※」が施行され，この改正によって「マンション敷地売却制度」が創設されている。この制度は，マンション所有者で構成する敷地売却組合に区分所有権等を集約し，当該組合から買受人（デベロッパー）にマンションとその敷地を一括で売却する仕組みである。

　つまり，このマンション敷地売却制度による事業は，権利変換によるマンション建替え事業などと違って，建物除去後の土地利用については自由であり，敷地の売却価額は敷地の最有効使用を想定して算定することとなる。一方で，買受人（デベロッパー）は，代替住居の提供や斡旋の計画について都道府県知事等の認定を受けなければならない。

・マンション敷地売却制度の活用メリット

　国は，Fマンションのように老朽化が進み，かつ耐震性が不足する建物については，マンション敷地売却事業の対象とし，かつ容積率の緩和特例の適用対象範囲を拡大した制度を2014年に創設した。

　この制度を活用すれば，デベロッパーが建物の除却や新たな建物の建築を行い，区分所有者はデベロッパーの建てた後は再入居することもできる。あるいは他の住宅へ住替え転出することも可能になる。また，区分所有者だけでは面倒な建替え事業をデベロッパーが中心となり進めることができるので，現所有者にとって敷地売却後の居住や投資など選択の幅が広がり，また通常の建替えに比べて事業期間がはるかに短く，組合運営の負担も少なくなる。

マンション建て替え円滑化法：マンションの建て替えや除去は，原則として区分所有法に基づいてすすめるのであるが，この法律は，そのための合意形成や権利調整について特別の措置を定めている。マンション建て替え組合の創設，従前のマンションの所有権，敷地利用権，借家権を再建マンションの各権利に変換する手続き，敷地等を売却するための手続き等を定めている。

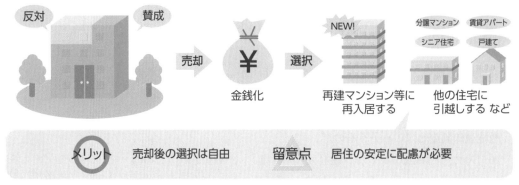

図 2-9　マンション敷地売却制度（国交省資料）

（4）合意決議のシンプル化と期間短縮メリット

この法改正のおかげで，Fマンションのように耐震性不足の認定を受けたマンションについては，以前は全員の合意がなければ売却はできなかったが，敷地売却制度では区分所有者の5分の4以上の賛成があれば，マンションおよび敷地の売却を行うことが決議できるようになった。

つまり，5分の4の賛成があればマンションを取り壊して更地にし，その更地をデベロッパーなどに売却してお金をみんなで分けそれで終わりにする，という選択が可能になる。

さらに，この制度はマンション以外の用途への建替えも認められるほか，マンション建替法に定める権利変換型のマンション建替えに比べて，決議後の手続きが非常にシンプルであり，分配金取得までの期間が短いことから，Fマンションのようにいくつかの難問を抱えた建物の再生促進にはうってつけの制度であると理事会は判断した。

（5）容積率の緩和制度の適用が可能

これまでマンションの建替えができた大多数の物件は，都心の好立地に位置するなど，容積の余剰を床としての需要があることを前提に，建替えにより相当量の余剰床を生み出し，これを保留床としてデベロッパーに売却することで事業費の多くをまかなってきた「保留床処分方式」によるケースが多い。

ところが今回は，都心にある物件と違い，郊外に建つマンションであり，現状では余剰床を生み出すのは極めて困難な状況にあった。

ただ，2020 年のマンション建替法の改正による容積率緩和は，「<u>耐震性不足の認定を受けたマンションの建替えにより新たに建築されるマン</u>

ションで，一定の敷地面積を有し，市街地環境の整備・改善に資するものについて，特定行政庁の許可により，容積率制限を緩和する」となっている。つまり，耐震性不足と認定され，かつ一定以上の敷地面積をもち，建替えが市街地の環境改善に貢献する条件を満たせば，容積率の緩和を受けられる，という条件にＦマンションは該当するとのアドバイスをコンサルタントから受けた。

　Ｆマンションは旧耐震基準で建てられており，耐震性が低いと認定された物件で，用途地域は商業地域で要求される $300m^2$ を十分にクリアしている。また，市街地環境の整備・改善についても地域の防災性や景観等の環境の向上面にも寄与することを建替え新築計画に盛り込むことは十分に可能である。したがって，本物件は上記3条件を十分に満たしておりこの容積率の緩和特例の適用対象に相当する。

　この容積率の緩和特例対象は，一括売却をしたのちデベロッパーが当該地にマンションを建築する敷地売却制度の場合でも適用することが可能となっていた。

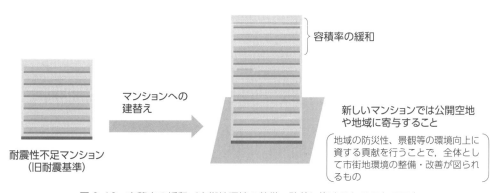

図 2-10　容積率の緩和／市街地環境の整備・改善に資するものであること

(6) 総合設計制度の活用

　Ｆマンションは，敷地内に「公開空地」を設けることで総合設計制度も活用し，さらなる容積率の緩和を受けられる点にもコンサルタントは着目した。

　耐震性不足の認定を受けた要除去認定マンションとして，敷地内に歩道上空地を設け，「歩車分離」とすることで地域の安全性・快適性を高めるとともに，周辺環境と連続した緑豊かな公開空地を設けるなど街並みの形成に貢献することで，改正マンション建替え法では，容積率緩和特例を特定行政庁（地方自治体）から取得することができる（改正マンション建替え法第105条，同法第102条第1項目に基づく認定を受けたマンションの建替え）。

　つまり，歩行者が日常自由に通行でき，周辺住民の憩いの場となること，さらには緑地を設けることの地球環境への貢献など，市街地環境の

整備改善に貢献できることが条件になっている。

　敷地内に歩車上空地を設置することにより，特定行政庁から結果的に建物の容積率を 300% から 570% へと 1.9 倍の割増を得ることができた。

　最終的に，建替え建物は，容積率が大きく増えることにより，階数を 19 階建てに高層化し，延べ床面積を 8,550m^2（住戸数 130 戸）に増床することで，これまでよりも大きな建物が建てられるようになった。

図 2-11　歩道上空地
（東京都都市整備局資料より）
歩道上空地とは，マンションを建築する際に，市から開発行為の許可を受けるため，敷地のうち道路沿いの一部を私道として整備する公開空地。

(7) 敷地売却決議での合意

　結果的に建替えが市街地の環境改善に貢献するという条件を満たすことにより，容積率の緩和に繋がり，さらに敷地内に「公開空地」を設けることで総合設計制度を活用し，容積率のさらなる割り増しが得られたことで，住民の懸案事項であった費用負担の問題も 1 住戸当たり規模により 1,200 ～ 1,500 万円と当初より大幅に減少することができた。

　最終的にマンション敷地売却決議において，区分所有者，議決権および敷地利用権の持ち分価格の各 4/5 以上の多数でようやく合意に至った。

(8) 建替えの具体的な計画概要

　今回の F マンションで建替え計画の実施にまでこぎつけるのに難航したのは，従来の区分所有法による建替え事業手法における住民の合意形成の難しさ，そして建替え費用の捻出の 2 点にあった。

　まず，従来方式の「区分所有法」では，建替えは同じ敷地内にマンションを建て，以前の区分所有者が再び入居することが前提となっている。しかしながら，現実は住民にとって長年にわたって住んでいると，各住戸の家族構成も大きく変化しており，マンション再建後には各住民家族の事情やニーズに沿った選択肢を必要としている。この点について，今回は最終的に，マンション建替法が定める「マンション敷地売却制度」を利用することで，住民ニーズへの対応を可能とし，合意形成に到った。また，もう 1 点の建替え費用については，適用の対象となる容積率の緩和特例を最大限活用し，増床面積を獲得することで権利者の経済的負担を最小化し，解決を図った事例である。

　この事業の推進にあたっては，組合理事会が専門コンサルタントの協力を得て，建物の老朽化状況による建替えの必要性に加え，制度活用による建替えの意義やメリットなどを権利者と長期にわたり根気強く対話を続けて進めた結果である。

図 2-12　建替え前の旧建物

・事業手法：マンション建替法【マンション敷地売却制度】を利用した建替え

［建物概要］（建替え前の旧建物）

用途地域：商業地域　指定容積率 300％

敷地面積：1,500m²

規模：地上 9 階，延床面積 4,500m²

竣工年月日：1973（昭和 48）年（旧耐震基準）

戸数：住宅 70 戸，店舗 3 戸

住戸の規模：住宅間取り　1LDK ～ 3LDK　50m² ～ 80m²

構造：鉄筋コンクリート造

権利形態：所有権（マンション敷地売却決議時権利者数 65 人）

上記 F マンションは，民間デベロッパーが昭和 48 年に分譲した 9 階建て 70 戸の集合住宅。

・事業コンサルタンツの支援を得て建替決議が成立，また，民間デベロッパーが事業協力者として参画，建替組合設立の認可を取得し，19 階建て 130 戸の本マンション建設を目指す。

・民間デベロッパーは余剰容積を活用して生み出される住戸を取得，分譲マンションとして販売。

・建替組合は，区分所有関係を解消し，マンション敷地を売却する。区分所有者は，その代金を受領する。これにより F マンション居住者が，今までと同規模の住戸へ住み替えることが可能となる（敷地売却制度）。

・建替え後の専有面積合計は約 8,550m² と従前の 1.9 倍となっており，建替組合は余剰住居売却による資金を建設費等に充当することで，居住者は一定金額の出資のみで新しい住宅に住み替えることができる，という建替えスキームとなった。

・したがって，『F プロジェクト』は，総戸数 130 戸のうち 50 戸は従前の F マンション居住者の住戸となり，分譲戸数は 80 戸となる。

図 2-13　新しいマンションのイメージ

■再建前のマンション建物概要：

・用途地域：商業地域　指定容積率 300％

・敷地面積：1,500m²

・構造・規模：鉄筋コンクリート造・地上 9 階, 延床面積約 4,500m²

・竣工年月日：1973（昭和 48）年（旧耐震基準）

・戸数：住宅 70 戸, 店舗 3 戸

・住戸の規模：1 住戸当たり平均約 50m²

・権利形態：所有権（マンション敷地売却決議時権利者数 65 人）

■再建後のマンション建物概要：

・戸数：住戸 130 戸, 店舗 3 戸

・住戸の規模：住宅間取り　1R～4LDK　30.75m²～111.98m²

・敷地面積：1,500m²

・規模：地上 19 階, 延床面積 8,550m²

・構造：鉄筋コンクリート造（免震構造）

・容積率：570％　※マンション建替法の容積率特例許可

7.　今後の建替え手法について

　全国で老朽化したマンションが増加するなか，建替えによるマンション再生は遅々として進んでいない。

　現状では，マンション再生の選択肢としては，大きく①修繕，改修，②建替え，③マンション敷地売却，の 3 つがあり，マンションの老朽化の程度や耐震性能，指定容積率や高さ制限などの建築規模的な制約，工事費等の費用負担など各選択肢のメリット，デメリットを比較検討し，区分所有者の意向等を確認して総合的に判断している。

　今回のような築後 48 年を経た老朽化マンション再生の主たる選択肢は「建替え」方式であるが，多くの場合，自己費用負担の大きさや住人の 5 分の 4 以上の賛成が必要である，という区分所有法の問題がネックとなって建替え計画は挫折している。とくに区分所有者数が多いマンションなどは，関係権利者の合意形成を得ることが極めて難しくなっている。また，手続きに時間もかかり，そのプロセスが煩雑になっている点もこの状況を一層難しくしている。

　したがって，これまでの区分所有法の仕組みによる「建替え」だけの手法では，各区分所有者の相当の負担が必要となってしまう。そのため老朽化したマンションの再生は，このままだと，よほど都心の好立地の条件の建物でない限り，建替えはますます困難になっている。現在，多くのマンションにおいて，住民の合意形成ができず，耐震性不足のまま放置される老朽化マンションが増加しており社会的問題にもなっている。

　そこで 2014 年に「マンション建替法」が改正され，生まれたのが「マンション敷地売却制度」だ。区分所有関係を解消し「マンション敷地を売却」するという新たな手法である。

　この制度では，耐震性能不足と認定を受けたマンションでは，各 4/5 以上の賛成により敷地の売却が可能となった。そして建物除去後の土地利用については自由であり，合意形成が難しかったこれまでの建替え方式に代わる手法となる可能性がある。

　ただ，この制度はまだ実施事例も限られており，かつまたいくつかの課題点もある。

　例えば，この制度の適用対象となるのは，行政から「耐震性不足が認定されたマンション」に限定されている。建替えが問題となるマンションの多くでは，新耐震基準適用の物件でもこれから老朽化が進み，また立地や建築条件などが悪く市場性が期待できないものも増えてきている。

　さらに，設備関連インフラが老朽化したりエレベータがなかったりし

図 2-14　新築建替えマンション入居

て機能的に陳腐化し，今後も継続して居住することが困難なマンション
でも，耐震性を満たしていれば制度の対象外である。このようなマンシ
ョンは UR（旧住宅公団）の壁式構造による中層マンションに多いとい
われる。また，設計図書を紛失するなどして，確定的な耐震診断をする
ことが困難なマンションも少なくない。

　また，この制度は，初めに買受人（デベロッパー）を決めることの問
題点もある。実際に管理組合が検討を進めていくうちに，よりよい条件
の相手先が見つかったとしても買受人を変更することはできない。買受
人による事業遂行能力とコーディネート能力は別物として考えるべきと
の意見もある。さまざまな場面で透明性を保ち，争いが起きない制度に
することが重要となる。

　現状では，これまでの仕組みによる「建替え」や「修繕・改修」だけ
では，各区分所有者の負担が相当必要となり，老朽化したマンションの
再生はますます遠のいてしまう。マンション敷地売却制度という選択肢
が増えたことで，建替え合意が難しいマンションでの再生の新たな可能
性が広がることが期待されている。しかし，この制度で万全というわけ
でもない。改正法施行後も市場の動向をみながら時代のニーズに対応可
能なように改善していくことが欠かせない。

8.　マンションの管理体制について

　Fマンションの事例を通して得られたもう1つの教訓は，マンション管理体制の問題だ。

　当マンションは自主管理のマンションであり，区分所有者が住み，若いうちはみんなで手分けして管理をしていたが，築後48年もたつと賃貸住戸や空き住戸が増え，不在となる所有者も多くなった。さらに所有者の高齢化が進み，理事のなり手もなく，管理の実行部隊がいない状態となっていた。

　管理組合の活動の実情は，理事長が一人で頑張っていたが，実質的に管理組合の活動に熱心に取り組む人は極めて限られていた。

　したがって，管理組合が実質的に機能しておらず，管理規約の整備が不十分，長期修繕計画がない，修繕積立金が不足，という状態で，マンション管理を民主的，計画的に進めるための体制が極めて未整備であった。

　マンション管理組合にとって快適な生活環境や資産価値を維持するには，居住するマンション管理情報の適切な整備・保管・開示の取組みが不可欠である。

　マンション管理情報には，建物の概況や構造，共用部分の維持管理，専有部分や共用部分の使用ルール，管理組合の収支や運営状況などに関する情報が挙げられている（具体的な情報項目は**表 2-1** を参照）。

　管理組合にとって，入居しているマンションの管理情報をきちんと整備しておくことは，マンション購入を検討する者にとって貴重な判断資料となる。また，入居者にとってもマンション内におけるトラブルの未然防止等の観点から，さらには良好な施設管理状況データを管理することでマンションの資産価値の向上に資するなど，大変重要な資料でもある。

　ただ，現実には管理組合の中には，当該Fマンションのように，マンション施設管理情報データの整備・保管が十分になされていないところも少なくない。

表 2-1　マンション管理情報（主な情報項目）

建物の概況関係	
1	建物の概況や構造・設計に関する図書等
共用部分の維持管理状況関係	
2	長期修繕計画
3	修繕・点検などの実施状況 - 大規模修繕，バリアフリー化・省エネ等の改善工事の実施状況 - アスベスト使用調査，耐震診断の結果　など
利用・居住に関するルール・サービス関係	
4	専有部分のルール，サービスの情報 - ペット・楽器，事務所利用，専有部のリフォームの制限 - 入居者向けサービス（インターネット）　など
5	共用部分のルール，サービスの情報 - 駐車場・駐輪場の区画数，空き状況，使用ルール - 共用部分の範囲や持分の定め　など
6	管理費や修繕積立金等の月額や支払い方法
管理組合の運営関係	
7	管理組合の概要 - 総会・理事会の開催状況，役員の選任方法　など
8	組合員や居住者の名簿
管理業務関係（管理業務を委託している場合）	
9	マンションの管理業務情報 - 委託先の管理業者情報，管理員の勤務日時　など
管理組合の収支関係	
10	管理組合の収支状況（管理費や修繕積立金会計状況） - 管理費や修繕積立金等の総額（滞納額も含む）　など
11	各戸の管理費や修繕積立金等の滞納額，遅延損害金
その他	
12	その他 - 災害時の対応に関する計画等

良質なマンション施設を維持するには，管理組合におけるマンション管理情報の適切な整備・保管・開示の取組みを広く進め，記録をきちんと残す積極的な取組みを行っていくことの重要性が今後ますます高まってくる。また，そのためのデータを記録するツールとしての電子化がますます必要になってくる。

図 2-15　マンション管理体制

9. まとめ

　最後に，今，自分の住んでいるマンションが，今後中古マンション市場でより高い資産価値を目指すには，各住民が現状で抱えている課題をどう改善していくかという視点で，建物をマネジメントしていく積極的姿勢が求められる。具体的には長期修繕計画に基づいたマスタープランをつくり，それを基本に将来像を住民で共有しているマンション管理組合などの好事例も見られる。

　また，マンション市場での資産価値の向上を図るには，潜在購入者にとって魅力性の高い条件を備えたマンションを目標とすべきである。わが国のマンションが抱える問題は，マンションストック数が急増するなかで，超高齢化社会を迎えている。つまり，マンションの高経年化と居住者の高齢化が同時並行的に進んでいる。

　本事例のＦマンションでも，高齢居住者が 3 割も占めており，毎日の安心・安全をどう確保できるか，バリアフリー※対応へのニーズは常にある。

　また一方で，八王子のように勤め先の都心まで 1 時間以上もかかる郊外に位置するＦマンション居住者にとって，在宅勤務対応の要望も極めて高かった。

　今後，高齢化社会の進展とともに「バリアフリーへの対応」，そしてコロナ禍の経験や働き方改革の加速から "ネットワーク環境の整備" や "仕事部屋の確保" などの「在宅勤務への対応」についての要望がますます高くなっている。このように，社会環境の変化に伴いマンションニーズも変化しており，この 2 点への対応は，今後のマンション管理の視点で備えるべき要件としての重要性はますます高くなると考えられる。

バリアフリー：対象者である障害者を含む高齢者等が，社会生活に参加するうえで生活の支障となる物理的な障害や精神的な障害を取り除くための施策，もしくは具体的に障害を取り除いた事物および状態をさす用語。

事例 3 ▶ アフターコロナに向けたホテルのビジネスモデル改革
—生き残りをかけた IT 活用戦略—

1 背景

図 3-1　ホテルのイメージ

2022 年の訪日外国人旅行者は，円安を背景としたインバウンド需要とともに約 383 万人（2019 年比 88.0％）まで回復している。

ただ，コロナ禍の 2020 年から 21 年にかけてホテル業界は，稼働率の極端な低下，利益率の大幅な下落などにより，倒産・身売りの増加，また閉鎖や売却が決まるホテルが続出するなど，かつてないほどの経営危機に直面していた。

2015 年から 2019 年までの 5 年間は，2020 東京オリンピック・パラリンピックの開催決定もあり，**インバウンド**※需要の大幅増に伴い，日本全国に約 2 千軒近くもの新規ホテルが開業し，まさにホテルは開業ラッシュであった。

※インバウンド：外国人が訪れてくる旅行のこと。

それが，2020 年を境に新型コロナウイルス感染症拡大により，国内の宿泊者数は 2020 年 5 月には前年比で 83％減，ホテルなどの客室稼働率（稼働率）は 13％まで減少し，かつて経験したことのない水準にまで下落した。

2021 年後半以降は，ワクチンの普及などによる感染者数の減少で，ようやく宿泊者数は徐々に戻りつつあり，22 年度には平均客室稼働率も 46.5％（観光庁 2022 年 10 月）まで回復したが，ホテル経営を維持する稼働率（60 ～ 80％程度）のレベルまではまだ遠く及ばない。

図 3-2　宿泊旅行者数の推移（観光庁資料より）

　また，ホテル市場環境の変化も著しく，今後，アフターコロナの時代においても，生き残りをかけてホテル各社経営の大幅な見直しが求められている。

　本事例は市場環境が厳しいホテル業界で，これまでの事業運営方法を大きく見直し，ホテル戦略を改革して経営内容を立ち直らせた事例である。

2.　ホテル経営改革の実現に向けて

2-1　A ホテルの経営立て直し戦略

（1）コロナ禍でのホテル経営

　A ホテルグループは，全国展開型の大型シティホテルチェーン。ホテル数は全国に 20 棟あり，客室数は 120〜180 室，1 室当たりの床面積は約 50〜150 m² である。

　A ホテルの事業コンセプトは，"ヒトと自然にやさしく，お客様の満足度の最大化を目指す"とある。ヒトと自然にやさしいとは，地球環境問題を意識したエコロジー，省エネ，リサイクル，ゴミを出さないなど

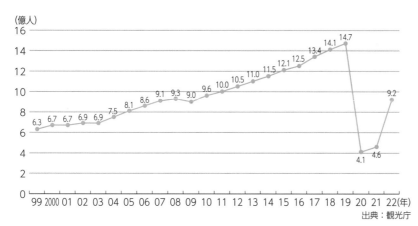

（a）　国際観光客数の推移

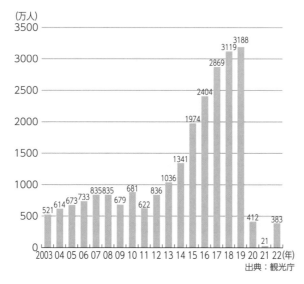

（b）　訪日外国人旅行者数の推移

図 3-3　コロナ禍での観光客数（出典：観光庁）

に配慮し，かつ顧客にも快適で十分に満足いただける宿泊サービスの提供を志向している。

　また，ホテルの経営は，土地と建物（ホテル）を所有する所有直営型による運営方式。この方式のメリットは，宿泊市場のトレンドや顧客ニーズに合わせて独自で増改築ができ，機動力をもった戦略が立てられる点にあり，迅速な投資や経営判断が行える。しかし，初期投資が非常に大きくなるというリスクもある。

(2) コロナ禍における厳しい市場環境

　A ホテルでは 2020 東京オリンピック・パラリンピックに向けて，2019 年まではインバウンド需要の拡大を追い風に，客室利用率（稼働率）が 90% 以上とすこぶる順調に推移してきた。そこに 2020 年に突然，新型コロナウイルス感染症が急拡大し，ホテル需要は一気に冷え込んだ。

　稼働率はそれまでで最低の 35% へ急落。同年の A ホテルグループ全体の業績を見ると，売上げが前年比 8 割減と大幅な減収。新型コロナウイルス感染拡大の影響でインバウンド需要は喪失し，国内においても緊急事態宣言などの外出自粛が大打撃となった。

ホテルの売り上げは「客室稼働率×客単価」で計算される。「客室稼働率」とはベッド数に対する宿泊客の割合。また「客単価」は宿泊客 1 人当たりの利用金額を指す。

(3) 持続的な成長に向けて収益改善の必要性

　ホテル業界は，コロナ禍の影響を最も深刻に受けた業種の 1 つ。国内外の人の流れの激減はホテルの稼働率の大幅な落込みをもたらし，数少ない宿泊客の争奪戦は，客室料金の価格破壊にもつながり，かつてない厳しい経営環境となった。

　今後 A ホテルにとってコロナ禍を生き残るだけではなく，アフターコロナにおいて持続的な成長に向けて取り組むためには，経営力，人材力，および自社の事業戦略の抜本的な見直しによる収益改善が，企業存続のためにも最重要課題となっていた。

2-2　経営改革の実現に向けて

(1) ビジネスモデル改革のスタート

　かかるホテル市場のなかで，A ホテル経営企画部・部長の H 氏に会社経営陣から課せられた命題は，"収入減が続く同ホテルのこれまでのビジネスモデルを一から見直し，アフターコロナ時代も含め収益性のあるホテル事業に立て直して欲しい"というものであった。

　経営者から与えられた具体的な経営目標は，以下の 4 点。

　①　客室稼働率が 40% 以下の厳しい市場環境においても顧客に対して価値の高いサービスを提供し収益が確保できるビジネスモデルをつくる。

　②　今後の生き残りをかけて競争力のあるホテルとするため，これまでの事業の全面的な見直しを行い，顧客満足度の向上を図る。

③　社会環境の変化に対応するため，デジタルツールをより積極的に
活用して，業務効率の改善を目指す。

④　持続可能な社会に貢献するために，同社の企業コンセプトである
地球環境に配慮した取り組み改善を目指し，顧客や社会に還元する。

　上記の事業目標を実現させるためには，ホテル運営の原点に立ち返っ
て抜本的な事業改革が不可欠であった。

(2) 現状 A ホテルの経営上の課題点

　A ホテルの組織体制は，大きく宿泊部，飲料部，調理部，営業部，
営業企画部，管理部で構成され多岐にわたっている。

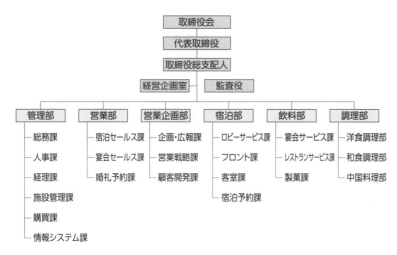

図 3-4　A ホテルの組織図の概略

　H 氏は，まず，A ホテルの最近の実績支出データを分析した。その
結果，A ホテルの事業支出で目立つのは，固定費が経費のなかで 8 割
近くも占めていることであった。とりわけ従業員の人件費が 41％，そ
して施設・設備を維持保全する施設運営費（ファシリティコスト）が
27％ と，この 2 項目の比率がひときわ突出している。

　2021 年は，コロナ禍の影響で稼働率の大幅な低下により売上げが急

ファシリティコスト：施設や
設備の修繕費・更新費，減価
償却費，固定資産税，水道光
熱の基本料金，施設運営・管
理費，保険料などの施設の維
持運営にかかわる費用。

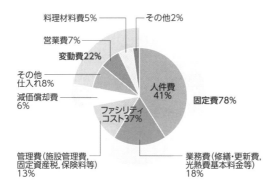

図 3-5　ホテルの支出の内訳

激に落ち込んでおり，売上に対する固定費の割合が8割以上と大幅に増えており，結果的に大幅な収益の低下につながっている。

　H氏は上記の現状データ分析を基に，Aホテルが抱える問題点，そして見直しが必要と思われる課題点を絞り込んだ。

(a)　ホテル事業は高固定費体質ビジネス

　まず，支出費用の中で際立って高い割合を占めている固定費の内容に着目した。

　ホテル運営に必要な固定費とは，操業度の水準にかかわらず，恒常的に出ていく費用である。

　固定費の中身は，多くの人員を抱えてサービスを提供する人件費（ヒトのコスト）の負担が最大。加えて施設の維持・修繕に要する施設関連費（ファシリティのコスト）が続く。こうした固定費中心のホテルビジネスは，売上の増減によって利益が大きく動く「ハイリスク・ハイリターン」でもある。この固定費の最小化を図ることが，ホテル経営にとって大きな課題となっている。

(b)　人材不足や生産性の低さから長時間労働が常態化

　ホテルの長年の課題である人手不足・人材確保は，コロナ禍でさらに深刻化している。

　コロナ前は，Aホテル従業員の年間休日は72日で，月平均6日しか休みがなかった。とくに繁忙期は長時間労働で休みが取れず従業員は疲弊しており，利用客に対する接客も十分に行き届いているとはいえなかった。

　今やコロナ禍で宿泊者数が減少しているとはいえ，館内の清掃や消毒など感染防止対策のための作業時間が増えており，少ない人員で多くの仕事を行わなくてはならない。その結果，どうしても長時間労働が常態化していた。その原因としては主に2つある。

　第1に，就業形態には何もしていない，いわゆる「手待ち時間」がとても長いという課題がある。「チェックイン」「夕食」「朝食」「チェック

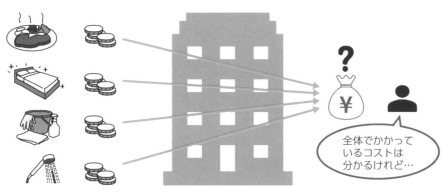

全体でかかっているコストは分かるけれど…

図3-6　ホテル固定費

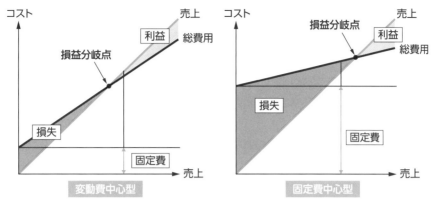

図 3-7　ホテルは固定費中心型
（ホテルは固定費比率が高い「ハイリスク・ハイリターン」ビジネス）

図 3-8　人手不足

アウト」「部屋の掃除」……と，労働力の必要な場所が時間帯ごとに規則的に変わっていくにも関わらず，縦割り分業制で，担当の仕事が終わると暇になってしまう。また，「中抜けシフト」と呼ばれる，朝と夜に働いて，昼間は一旦抜けるという伝統的な就業形態も残っており，実働時間が 6 時間前後であるにも関わらず，見かけ上の労働時間は長く，サービス残業が 2～3 時間程度とみなされるケースも散見される。

　もう 1 点は，社会環境が大きく変化していくなかで，業界の古い業務形態に馴染んでしまい，これまで経営陣がなかなか業務改革に踏み切れなかった。これまでは従来からのやり方の踏襲にこだわり，現状維持に甘んじていたが，これからはコスト削減や労働生産性の向上に前向きな新しい人材が経営改革の原動力になると考えられる。

(c)　施設の老朽化による改修コストの負担増

　人件費に次いで大きいのが，経費全体の 3 割も占めているファシリティコスト。

　ファシリティコストは，所有するホテル事業の施設の維持・運用・管理などに要する費用。

　24 時間営業のホテル施設の運用期間中に発生するランニングコストは，ホテル建物のライフサイクルコスト（LCC※）に占める割合でみると，一般に初期建設費の 5 倍以上にも及ぶ。

LCC（Life Cycle Cost）：製品や構造物（建物や橋，道路など）がつくられてから，その役割を終えるまでにかかる費用をトータルでとらえる。

　Aホテルグループ20施設の内，8施設はオープンからすでに30年以上経過して建物や設備の老朽化が目立ってきており，そろそろ大規模改修が必要な時期に差し掛かっている。

　したがって，経年劣化に伴い老朽化施設についてはさまざまな箇所に不具合が生じている。例えば，客室改修など，利用客への目に見える部分の改修については営業上優先的に行われてきたが，配管設備など目に見えない設備などの改修は後回しにされ，不具合が大きくならない限り行われていなかった。施設の老朽化とともにあちこちで，建物機能の低下や設備の故障などの問題が生じており，修繕回数も増え，修繕費の負担は毎年増え続けている。工事単価も資材高騰で上昇しており，ファシリティコストを大きく押し上げる要因となっている。

(d)　激化する利用客への高付加価値サービス競争

　近年のホテル業界を取り巻く環境は目まぐるしく移り変わっている。インターネット予約の増加，団体旅行の減少等，旅行スタイルもコロナ前と様変わりしている。そんななか，価格競争が激化しており，宿泊単価の低下状況も見られる。

　一方，消費者に「国内旅行を利用する際に重視すること」を聞くと，「宿泊料金」，「立地」，「部屋の内容」，「浴場の内容」，「食事の内容」等が上位にあげられており，手ごろな値段で質の高い商品をという考え方が強くなってきており，コストパフォーマンスの高い宿泊施設が望まれている。つまり，ホテル業には，従来以上に値段の割に値打ちの高い品質サービスが期待されており，コストパフォーマンスを高めることで他社との差別化を図ることがより重要となっている。

COLUMN
コラム　　ファシリティコストの内訳 ▶▶

　ファシリティコストとは，所有もしくは使用するファシリティ，すなわち施設の維持・運用・管理のために要する費用のことで，次のものがある。

(1) 保有費：所有あるいは使用に伴う費用⇒賃借料，租税公課，保険料等
(2) 特別経費：支出は伴わないが，計算上考慮する必要のある費用⇒減価償却費，資本コスト等
(3) 保全費：機能を一定水準に維持するための費用⇒維持費，環境整備費等
(4) 運営費：施設を運営するための費用 ⇒ 水道光熱費，運用費，セキュリティ費等
(5) 管理費：施設を管理するための費用 ⇒ 統括管理費等

3.　改革を進めるための対応方策

(1)　目標はサービスレベルの向上と固定費の削減

　これまでAホテルの売り上げは，宿泊，宴会，飲食の3つの部門で支えられている。宿泊部門が約4割，残りの6割がレストランと宴会部門となっている。宿泊部門の収益率が低い理由は，維持・運営・管理のための固定費比率が高く利益率はコロナ前でも5%を切っていた。また，コロナ禍で，宿泊部門のみならず宴会，飲食部門も売り上げが激減している。

　一方，支出はこの数年，人手不足による人件費の高騰や施設の老朽化による修繕費増の影響で運営経費に占める固定費が日増しに上昇傾向にあった。

図3-9　人手不足の対応策

　しかしながら，人件費，そしてファシリティコストのいずれも，顧客へのサービスレベルに直結する項目でもある。ホテルのコンセプトである顧客満足度を確保する前提となるサービスレベルを落とすことは許されない。

　そこでH氏は，出ていく固定費用を睨めながら，**"サービス水準を確保したうえで，いかに固定費を減らすことができるか"** を今回の最重点目標とした。

(2)　生産性を上げ，付加価値の高いサービス提供を

　長引く新型コロナウィルス禍，ホテル企業を取り巻く経営環境が激変するなか，Aホテルが生き残るための新しいビジネスモデルを示す経営戦略の方針が社内で強く求められた。

　まず，ホテル市場を俯瞰的に捉え，ライバル企業に対して優位性をもつという競争戦略が必要とされた。つまり，ホテル業界で競争に生き残るための戦略を立て，他企業では真似できない価値を顧客に届けなければならない。

　「もし，ライバル企業との差別化ができず同質なサービス競争に陥った場合，その先には身を切る価格競争しかない。」

　社会でのホテルの基本的役割は，「利用客への安心・安全で快適な施設・サービスの提供にある」。したがって，まず真っ先に取り組むべき

ポイントは，"お客様の満足度の向上"。よって，「利用者の新しい価値観に合わせサービスを進化させる」。これを A ホテルの基本方針とした。

この基本理念を確実に実現するためには「生産性を上げ，スタッフの労働環境の改善を図る」ことが不可欠だとし，次の2点を集中的に進めていく方策とした。

① 消費者との接点（接客場面）を増やして，おもてなしの価値を高める

② バックヤードの作業を減らす

「生産性の向上はあくまで手段であり，我々の本来の目的はムダを省き，お客様との接客の時間を増やして，サービス品質を向上させること」。今後，A ホテルが生き残るためには，我々の提供する「サービスの質や付加価値を高めることでお客様の満足度を得ること」が第1の使命である点を H 氏は強調した。

(3) ホテルサービスの価値は，ソフト（ヒト）で決まる

ホテルのサービスは，ハードとソフトの両方で構成されている。ハード面はリニューアルや改装によって施設を常時快適に使用できるようアップデートしておく必要がある。ただ，ホテルの価値は，ソフトウェア次第でよくも悪くも評価される。このソフトウェアの中心はヒューマンウェア，つまり人である。だから人であるスタッフがそのホテルの顔となる。コンピュータなどが多く使われるハイテク時代における人間的な要素であるヒューマンウェアがしっかりしているところは，リピーター顧客が多い。結局のところ，信頼度の高いホテルといわれる1つの裏付けは，リピーターが多いか少ないかによって，そのホテルの価値が決まる。

そのためにも当ホテルは，まず，接客やサービスの品質を高めることに注力する。そして我々が接客場面を増やすためには，おのずとバックヤード作業を減らすことが必要だとした。

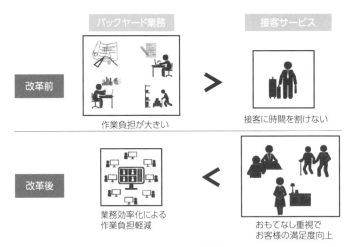

図 3-10　顧客満足度

　実際に，人材不足やコロナ禍のなか，人員を増やすことは難しい。したがって，バックヤードに人を置かない体制をつくることで，お客様への対応にスタッフを振り分けることが対策になる。これまで裏方の作業にかけていた時間と労力のムダをなくし，「限りあるリソース（経営資源）を有効活用して，接客業の本質に立ち戻るべきだ」との見解を示した。

　つまり，生産性向上の取り組みにより，利用客との接点を増やし，サービス品質を向上させ，顧客満足度を高めて，他社との差別化を図り，A ホテルの生き残りを図っていこう，というものだ。

(4) 基本は IT ツールの活用

　ホテルのバックヤード作業の削減を図る方法として，IT 化が考えられる。A ホテル宿泊部門では，すでに数年前から IT ツールによるホテル管理システム（PMS ※＝Property Management System）を導入していた。具体的には，宿泊予約や販売価格，残室数，料金精算といった客室に関する情報を一元化したホテルシステムだ。

　ところが，改めて全体作業内容を見直すと，IT 化によりさらなる省力化を図る余地が至る所にある。まず，紙の伝票類や業務の電話連絡を削減する必要性がある。そのためには，Wi-Fi などの通信インフラやタブレット等の IT ツールを整備し，必要な情報を正確かつタイムリーに共有できる業務管理システムの活用が効果的だ。

　「情報や業務の見える化が重要となる。予約や売上情報はもちろん，仕入れ内容や清掃連絡など，煩雑かつ日々発生する業務に対し，どのように作業が行われているのかを可視化することが重要」。そうすれば，会計上の原価や仕分けルール・基準などを統合化し，さまざまな業務の標準化ができるようになる。それによって，従業員の時間や労力のムダを省き，生産性を高めるために IT ツールの活用を促進することがますます必要となる。

　バックヤードを中心に業務の IT 化をさらに進め，効率化できるところは可能な限り自動化を図ることで人手不足を解消し，固定費を縮減していく方策とした。

PMS：ホテルやホテルグループが予約やチェックイン／チェックアウト，客室の割り当て，客室料金の管理，請求といったフロントオフィス機能管理をするためのプラットフォーム。

 在庫管理システム
 売上管理
 予約管理
 ホームページ作成
 給与管理
 シフト管理
 顧客管理
 マーケティング

図 3-11　ホテル宿泊業の IT ツール

4.　新しいビジネスモデル改革へのチャレンジ

4-1　サービスモデルの変革

　未曽有の需要蒸発を引き起こした新型コロナウイルス禍を経て，Ａ
ホテルはサービスモデルの変革に取り組み始めた。非接触や「密」回避
を求める消費者のニーズに応えつつ，業務効率化を図って収益構造を筋
肉質にする狙いだ。合理化と顧客満足度の向上という一見相反する課題
を同時に解決していくことが課せられた課題である。

　新たなサービスモデルの狙いは「利用者の（ニーズの）変化に合わせ
て，より要望に寄り添うこと」にある。デジタル機器に慣れた消費者に
合わせて宿泊サービスもスマホを軸に展開していけば，コロナ禍を経て
非接触や混雑の回避を望むようになった客のニーズにも応えられる。

　「コロナ禍の 2 年間，調査などを通じて見えてきたのは利用者がスト
レスのない快適な滞在を望んでいること。そこに軸足を置いていく。」
とした。

　これまで同ホテルは手厚く，信頼性の高いサービスを追求することで
顧客満足度を上げ，利用客の囲い込みや単価の向上に努めてきた。

　ただ，顧客が価値を見出していないサービスに過剰にリソースを振り
向けてきた，との反省も社内では出始めている。そこで浮上しているの
がスマホなどのテクノロジーを活用して人手によるサービス提供を減ら
しつつ，同時に品質も高める，という考え方だ。

　Ｈ氏は「（デジタル化で）余裕ができた人員は（他社が）模倣できない
レベルまで人的サービスの品質を高めるために投入していく」と話す。

- **チェックイン**
  チェックイン・アウトが端末操作
  で完結

- **鍵管理**
  スマホが鍵替わり，鍵の持ち歩き
  が不要に

- **多言語対応**
  多言語システムで，外国人客も簡
  単に利用可能

- **情報管理**
  スマホで宿帳入力が可能に

- **オーダーサービス**
  QRコードでホテル専用サイトへ。サイ
  トから，食事内容指定や土産物購入な
  ど様々なサービスにアクセス可能

図 3-12　スマホによるホテル内のおもてなし

キーワードは『ホテル滞在をスマホがおもてなし』。

新たなサービスモデルは，チェックインからチェックアウトまで，利利用者への対応をスマートフォンのアプリを軸に「おもてなし」のあり方を変える戦略とした。

具体的にはまず，予約からチェックインまでのスムーズさ。同ホテルの「公式アプリをダウンロードすることで，予約が可能となりホテルではスマホをルームキーとして使える。

また，全客室に設置してある多言語対応スマートスピーカーが対応してくれる。客室の機能や使用方法等の質問に応える他，館内案内，音楽プレーヤーとしても使用可能など，スマホ対応を中心のスマートホテルへの変身を打ち出した。

一連の取り組みの「もう１つ」のテーマが「省人化」である。

4-2　これまでの慣習的な業務方法の再点検へ

人手不足が著しいホテル業界において，ライバル企業の間では「いかにサービス品質を高め，収益力を磨くか」だけでなく，「いかに省人化を進め，収益構造を強固にするか」も新たな競争軸となり始めている。

これまでのバックヤードなど，現場での業務の再点検を次の３つの視点から進めている。

(a)　マルチタスクによる固定費の削減

(b)　モバイルアプリ活用による業務効率化

(c)　スタッフの働き方の改善

(a)　マルチタスクによる固定費の削減

固定費削減の取り組み目標として，まずバックヤードの各部門の業務の棚卸しを行い，ムリ，ムダ，ムラを洗い出し，不要と思われる業務を減らしていくことから始めた。

その１つが従業員のマルチタスク化。各部署の繁忙度に応じた細かいシフトの編成を行い，職場を超えて業務を行う仕組みづくりである。

ホテルでは，時間によって利用客の流れは大体決まっている。チェックイン時はロビー・フロント周辺から客室へ。夕食時にはレストランに，そしてチェックアウトの際は一斉にフロントに集中する。従業員が複数の業務を覚えて，部署を移動して対応すれば，全体として限られた人数での運営が可能となる。

例えば，主業務がレストランの従業員がチェックインの時間帯にはフロントの支援や案内業務を担当する。夕食時にはフロントの従業員がレストランで接客や料理を運んだりする。グループ全体で約半数がマルチタスク職として施設で業務をこなす体制とした。

(b) モバイルアプリ活用による業務効率化

業務効率を高め業務負担を軽減するには，デジタル化した情報やインターネットの活用によって，ヒトが行っている業務を減らすことがある。つまり，業務効率を上げる施策として単純作業などの現場の業務をITシステムによる業務の自動化に置き換えることにより業務の省力化を行う。例えば，手書きで管理していた書類をExcelに替えてデータ化したり，IoT機器の導入によってスタッフが足を運んで確認していた情報をすべて手元の機器1台から確認できるようにする。

図 3-13　モバイルアプリ活用による業務効率化

業務効率化やコスト削減の実現には，現場作業に残るアナログ業務を見直し，現場のデジタル化を積極的に取り組むことも決めた。ここでいう「現場作業」とは，ホテルのバックヤードのみならず，客室やレストラン，宴会場など，さまざまな場所における従業員の業務を指す。そうすることで，企業は業務全般のデータを収集できるようになり，現場業務の効率化だけでなく，管理部門の経営判断にも大きな効果が期待できる。

このように「IT化」を可能な限り進めることで業務効率の改善を目指した。これまでは，IT人材のリソースが不足しており，業務のデジタル化や効率化まで手が回らなかった。そこでホテル業務アプリケーションの導入を積極的に進める方針だ。

下記は業務効率化のために採用した代表的な業務内容例。

① フロントにおけるチェックイン・チェックアウト業務の効率化

ホテル業において，チェックイン・チェックアウトの業務は煩雑化しやすい業務の1つ。とくに予約の日時・時間の管理は，宿泊客の到着時刻や食事の時間などが部屋や宿泊者ごとに毎回違うなど，複雑化しやすく施設によって管理方法もさまざまである。

チェックイン・チェックアウトを自動で行えるスマートチェックインの導入により，ホテルを利用するゲストは，フロントに設置されている専用のタブレット端末機器で，簡単にチェックイン・チェックアウトが可能。このシステムの導入により，スタッフの手間の省力化のみならず，利用者にとってもチェックイン・チェックアウトの時間が短縮でき，フロント周辺の混雑も避けウィルス感染対策にもなる。

② 客室清掃の業務を効率化する

清掃担当者は，清掃の必要性の有無や，宿泊客が清掃NGを出しているかなどの情報は客室まで行かないと分からない。部屋数の多い宿泊施設では，清掃員がどの部屋に清掃に行けばよいかリアルタイムで把握できる状態にすることが業務の効率化につながる。

そのため，各客室の扉にセンサーを取り付け，宿泊客の在室の有無情報を取得できるようIoT化することで，フロントに確認をしなくても

図 3-14　客室清掃 IoT

清掃員がリアルタイムに掃除やベッドメイキングに入る部屋を知れるようになる。つまり，清掃員不足の課題を，IoT とウェアラブルデバイス※を活用して業務効率化を解消する方策である。

ウェアラブルデバイス：手首や腕，足などに装着するコンピュータデバイス。

③　清掃ロボットの導入

　清掃業務を行えるロボットの導入を図ることにした。自動で清掃業務を行えるロボットであるため，人の手が届かない場所を清潔にすることができ，かつ省人化に繋がり，清掃スタッフの負担が軽減される。

(c)　スタッフの働き方の改善

　A ホテルでは業務効率化のポイントを，「無駄な時間の削減・作業効率のアップ」と「IT 化」の 2 つに絞り込んだ。バックヤードを中心に，客室担当業務とフロント業務，備品の管理や発注，そして従業員同士のコミュニケーション等，それぞれの業務においてこの 2 つを推進していくことを確認した。

　もう 1 点重要な点は，従業員に働きやすい環境を整えてあげることで，働く従業員の満足度を高めることも重要な要素である。

　「従業員満足度（ES）」とは，福利厚生やマネジメント，職場環境，働きがいなどについて社員の満足度を表す指標を意味する。A ホテルでは，顧客満足度の向上を図るためにも従業員満足度を重視することも同時に打ち出した。例えば有給休暇の取得や働きやすい職場環境の向上などだ。背景にあるのは，労働力人口の減少。「従業員満足度」が向上することで，各自の生産性やモチベーションが上がることに結びつく。

　つまり，従業員満足度（ES）を高め，顧客満足度（CS）を高めることが，売上（利益）につながるという考え方だ。

4-3 ファシリティ情報管理の仕組みづくり

(1) ファシリティ情報の整備

　ファシリティコストは，固定費のなかでも人件費に次いで大きい項目だが，施設の修繕やリニューアルによる維持管理状況は，顧客満足度に直結するので施設のメンテナンスなど品質レベルは落とせない。

　Aホテルでのファシリティマネジメントに関する悩みは，大きく次の2点あった。

・ホテル事業の運営経費に占める固定費は，ますます増加傾向にあり，効果的なファシリティコスト削減を図る必要に迫られている。しかしながら，コスト分析や投資判断を行うために必要なデータがなかなか取り出せない。

・頻繁なメンテナンス工事とともに，図面・書類等の情報は年々膨大な量に増えているが，施設管理担当者の業務量は負荷が増しており，業務の効率化がなかなか進まない

　ファシリティを管理するベースとなるファシリティ情報は，以前は下記のような問題を抱える状況にあった。

(a) ファシリティマネジメント（FM）業務に必要な情報が未整備

　施設，設備，機器等「ファシリティ」と呼ばれる資源は，現代のホテル経営に於いて重要な経営資源となっている。それら「ファシリティ」を最適化し，蓄積されたデータを経営戦略に反映するための問題解決がますます企業にとって求められている。

　そのため施設を管理していくうえで，必要な情報は相当量にのぼる。例えば，営業企画部門では，客室改修計画を進める上で安全性や環境性能などの各種性能面と利用者満足度のデータを要望される。

　また，財務部門では，減価償却などに必要な施設資産データ，施設維持費，水道光熱費などの運営費，保全のための修繕・改修費などの依頼が多い。一方，施設管理部門では，建物履歴・客室レイアウトや家具・什器・備品などのデータが必要となる。過去に実施したプロジェクトにおいて実に膨大な量の実績データが電子データおよび紙ベースで提供されているが，以前はそれらを有効に活用できる仕組みが十分に整備されていなかった。

(b) 紙ベースによるデータの問題

　同ホテルでは，多くの図面や報告書，台帳等が紙ベースで管理しており，修繕のつど設備台帳を調べたり，過去のデータとの照合作業に相当の時間がかかったりしていた。また，紙データはどんどん増えていくので資料保管スペースの確保に苦慮していた。

　つまり，施設の分析・判断に必要となるデータを即座に取り出して使

える体制にはなっていない。つまり，建物竣工時には，膨大な量の竣工図書を紙ベースや電子データで提供されるが，それらを活用できる仕組みが整備されていなかった。この大きな理由に紙台帳を中心に基本的にエクセルベースで管理しており，具体的なデータの取り出し・加工など情報の有効活用が難しい状況にあった。

したがって，以前からホテル施設の運営管理に必要となるリニューアル計画やコスト分析などの検討をするたびに，データの活用方法に苦慮していた。また，修繕・更新のたびにデータをアップデートしておく必要もあるが，人力不足もあり，必ずしも十分に反映されていないなど，データの管理のあり方に悪戦苦闘していた。

上記をまとめると，同ホテルの FM 業務を進めていくうえで抱えている問題点は，下記のようであった。

① まず，同ホテルの経営者や施設管理者をはじめ，FM 業務に必要な施設関連情報を的確かつ迅速に把握できるシステムが求められていた。

② ホテル施設の有効利用や利用者の環境改善に役立つ営業資料を作成・活用できるデータベースが必要。

③ スペース管理や家具什器管理などに効率的に役立てられる施設計画情報整備が不十分。

④ 維持管理に関係するコスト予測や修繕計画立案に対応可能なデータが必要。

⑤ ホテル施設活用戦略の基礎資料を得ることができるデータ管理システムが求められている。

(2) CAFM システムの導入

同ホテルにおいてファシリティ関連データの IT 化は，これまでなかなか進んでこなかった。また，20 ものホテル施設の膨大な紙ベースによる情報量を効率的に運営管理していくには，まず IT ツールを活用してデータベース化を図り，必要なときに最新データを即座に取出しできるシステムの整備が切望されていた。

そこで，ファシリティデータの有効活用システムをつくるための FM データベースに関する基本的な整備方針を下記のように決めた。

① ホテル施設の運営管理データを確実に把握し，データ分析やベンチマーク※づくりなどに活かすには，まず第一にデータ管理のシステムづくりが同ホテルにとって「キー」となる。

② また，ファシリティ・マネジメントには多くの部門が関連し，データが各部門を横断することから，ネットワークを用いて共有化したデータ管理が必須となる。

ベンチマーク：施設の今後の運用・保全管理についての基本的な方針や目標数値をいう。

③ ファシリティデータ管理システムは，基本情報管理，履歴管理，修繕計画，施設データの集計・分析等の機能を有することで，資産マネジメント業務を行ううえで有効なツールとする。

④ データのシステム構築に関しては，当面は費用対効果を考えて，簡単な操作性により，誰でもデータ登録，分析，評価が可能であり，パソコンとインターネット環境以外は不要な IT による情報管理システムを導入する。

近年の人手不足，さらに担当者の業務負荷を考慮し，ファシリティ情報をデータベース化し一元管理することで，膨大な施設管理業務を大幅に軽減させることのできるコンピュータ FM 支援システム（ソフトウェア・ツール）である CAFM* (Computer Aided Facility Management) に着目した。その結果，FM 関連業務処理の自動化を主目標として，FM 情報管理システムとして CAFM の業務パッケージソフトの導入に 3 年前から踏み切っている。

CAFM：図面情報（CAD データ）と属性情報（データベース）を結び付け，双方向で検索・表示・集計できるシステム。

(a) FM 情報のデータベース化

CAFM はファシリティ・マネジメントの業務に使用されるコンピュータソフトウェアの総称であり，多様な情報のデータベース化を基本機能としている。したがって資産情報，図面，官庁提出種類・契約書修繕計画，改修履歴，設備機器，そして FFE* などのファシリティ情報データベースと必要な管理業務に合ったシステムとで構成されている。

FFE：家具（Furniture）・什器（Fixture）・備品（Equipment）の頭文字。

必要となるファシリティ情報を保管するだけなら紙ベースでもいいが，CAFM システムによりデータベース化しておけば，データの更新や活用に役立ち，施設関連データの見える化や共有化が可能になる。よって，FM 業務の合理化・効率化だけではなく，社内とのデータのやり取りでも大いに役立つ。

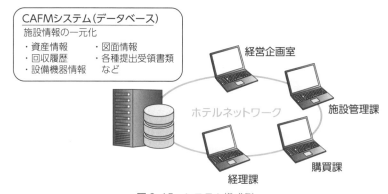

図 3-15 システム構成例

(b) IT ツール活用による FM 業務の効率アップ

CAFM を導入したメリットとして，ホテルのファシリティ管理業務と IT を組み合わせることにより，データベース化が可能になるのみな

らず，そのデータの活用によりファシリティマネジメント業務に従事する人的・時間的負担の軽減に大いに役立っている。

　具体例として次のようなことがある。A ホテルでは，客室や宴会場・レストランそしてロビーなど，営業活性化ためのバリューアップなどの模様替えが頻繁に行われる。ホテル施設の改修・修繕工事の予算作成，工事発注，支払管理などは，施設管理部署の 3 名で行われている。

　施設管理課は，安定的な施設サービスの提供や支出費用の平準化を図り，施設の効率的な運営管理を実施するため，何年後に外壁改修が必要だとか，客室の間取りや内装をどのようにリニューアルしたら収益性が向上する，など改修計画の立案や予算計画などを行う。したがって，経営計画や戦略と密接に関わってくる重要な役割をもつ。

　しかしながら，以前は限られた人数で日々の業務に追われ，必要データの収集，部門間の情報共有，そして施設ごとのデータ分析，などに十分に対応できる環境にはなかった。

　さらに，他部門である経営企画室・経理課の各部署ではそれぞれの部門の管理目的やシステムが異なるためファシリティデータの統合・一元化がなされておらず，データでの受け渡しがスムーズにできていない状況だった。

図 3-16　IT ツールと FM

　そこで，CAFM を導入し，A ホテルのすべてのファシリティデータを一元的にデータベースし，各部署間で共有することで，各々必要な情報を取り出し活用できるファシリティ情報の管理体制を整備した。それらのデータを活用した運用の例としては，まず経営企画室で必要な施設への設備投資情報をこのデータシステムから取り出し，ICT 技術を使って分析を行い，施設改修計画や調達戦略等の計画を管理部署をはじめ，他部署とも連携して作成し，それらを実行する。経営判断から運営の実務までも一元化されたシステムからのデータを活用できる仕組みとした。

　この3年間でCAFM業務ソフトの導入により，同ホテル施設データ
管理関連業務に要する人工数を従来のほぼ3割減らし，ファシリティの
データ処理に要するコストをトータルで約1割近くも削減した。つま
り，IT活用による各部門担当者のFMデータ関連業務負荷の軽減，業
務スピードアップ，そしてファシリティデータ管理アプリシステムによ
る情報処理業務の効率性の向上面でも成果を出している。

(3) ライフサイクルコスト（LCC）の視点で判断

　ホテル施設のライフサイクルコスト（LCC※）は，土地の取得・設
計・建設費などのイニシャルコストと，施設を営業し続けるのに必要な
ランニングコスト，そして解体費までを含めたすべての生涯費用（コス
ト）がそれにあたる。

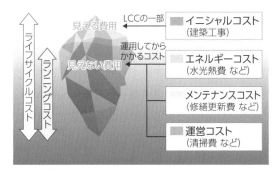

図 3-17　建物のライフサイクルコスト

　24時間営業のホテルは，光熱水費の消費エネルギー量が多く，また，
営業用の改修リニューアルの頻度も比較的高い。さらに建物は経年ごと
に老朽化しており，メンテナンスコストも毎年増えている。

　Aホテルではこれまで計画的な改修や修繕工事を怠ってきた。結果
として，建物の老朽化とともに改修・修繕コストが頻繁に発生し，コス
ト負担が継続的に大きくなっていた。また，これらは建物の資産価値の
低下にもつながる。

　そこで，Aホテルの現状建物調査をコンサルタントに依頼し，各建
物の長期修繕計画を作成してもらい，定期的に必要な各所修繕・改修費
用を算出してもらった。その結果，現状のまま何の手を打たないで放置
すると，今後10年間で，とくに老朽化が著しい建物を中心に，改修コ
スト支出が現在の3割増と一気に膨らんでしまうとのことが分かった。

　したがって，ホテル施設の機能を良好な状態で継続的に維持していく
には，各建物の中長期修繕計画に基づき，今後必要となる予算を事前に
計上し，計画的に修繕改修計画を進めることが大事なポイントである，
との助言をコンサルタントから受けた。

　つまり，適切な時期に修繕・メンテナンスを事前に行っておけば，結
果的にライフサイクルで見ると支出額の平準化につながり，かつトータ

ルコストで見ても経済的メリットが高いというアドバイスであった。

そこで，H 氏は，これまでの建物や設備機器は壊れたら取り替えればよいといった機会損失を招くようなリスクの高い施設管理の考え方を改めることとした。

つまり，今後は A ホテルのトータルの収益力を向上させるため，各施設の建て替え時期を設定し，その残存期間において計画的に必要なリニューアルなどの設備投資を積極的に行い，「残存期間収益」を最大化する「戦略的リニューアル」の方向に転換した。

（4）ランニングコストの低減方策

さらに，LCC の観点からメンテナンスやエネルギー消費など，ランニングコストの削減方策のアドバイスもコンサルタントからなされた。具体的な検討アプローチ方策として，大きく次の 3 点が指摘されている。

① 長寿命・高耐久の部材や機器を採用する
② エネルギーや水の使用量を抑える工夫をする
③ メンテナンス・維持管理をしやすくする

例えば，今後，ホテル客室内装部材のリニューアル時には現状より耐久性があり長寿命のものを積極的に採用する，あるいは清掃しやすいデザインや更新しやすい仕様にすることが，メンテナンスコストや清掃費の低減に繋がる。また，水光熱費などのエネルギー消費量の削減のためには，断熱性に優れた材料の選択や安価な深夜電力の利用，消費電力を抑え寿命が長い LED 照明の採用，さらには照明に人感センサーをつける，といったことなどが挙げられ，改修時に積極的に取り入れることとした。

このようなライフサイクルコストの大部分を占めるランニングコストに焦点を当てたコスト削減は，固定費の低減に大きな影響を及ぼす項目であり，経営判断上，重要なポイントなる。

・ホテルの初期建設費はライフサイクルコストの約 1/5 程度

ライフサイクルコスト（LCC）の構成

・初期費用（建設費）：建物の企画・設計・建設工事費など ⇒ LCC 全体の 2 割程度
・ランニングコスト
　【一般管理費用】：施設の運用・税金や保険費用など
　【運用費】：水光熱費／電気・上下水道費・ガスなど ⇒ LCC 全体の 3 割を占める
　【保全費】：点検・保守・清掃費など（清掃は共用部のみを対象）
　【修繕費・更新費】：定期的なメンテナンス・修繕，バリューアップなど
　【廃棄処分費】：建物の解体・撤去・運搬・最終処分など

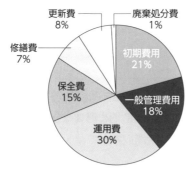

図 3-18　建物のライフサイクルコストの内訳

4-4　企業の社会・地域への貢献

　環境や人権問題など社会や地域が抱えるさまざまな課題への関心が高まるなか，ホテル業界においても SDGs ※（「Sustainable Development Goals（持続可能な開発目標）」の略）への取り組みは不可欠なものとなっている。また，SDGs に取り組むことで，企業価値を高めることにも繋がる。

図 3-19　3 つのサスティナビリティと 6 つのサスティナブル

　「持続可能な開発目標（SDGs）」によると，2030 年までに，廃棄物の発生防止，削減，再生利用および再利用により，廃棄物の発生を大幅に削減する」と定められている。

　その一環として，2022 年 4 月に「プラスチックに係る資源循環の促進等に関する法律（以下「プラスチック資源循環法」）」が施行された。

　ホテル業界においては，衛生面とコスト面のバランスから，例えばヘアブラシ，くし，かみそり，シャワーキャップ，歯ブラシなど，これまで多くの使い捨て（ワンウェイ）プラスチック製品を使用してきた。ただ，地球温暖化の観点からは，これらのプラスチック製アメニティ使用

の削減や，代替素材へ転換するなど，大きな課題となっている。

　A ホテルでは，こうした脱プラスチックの動きを推進し，SDGs に取り組むこととした。その 1 つにサスティナブルグッズ「SUS organic」に力を注いでいる。エコ素材として注目を集めている竹を使った歯ブラシ，かみそり，くし，綿棒のほか，とうもろこし由来のバイオマス素材を使ったシャワーキャップなど，多彩なアイテムをラインナップして進めることを決めた。

　また，その他にも建築に使用する膨大な量の資材，空調，清掃や洗濯など，あらゆるシーンで地球にやさしい資源を活用している。これらについても，廃棄物の発生防止や削減といった観点から，積極的に取り組みを進める方針とした。

　SDGs に貢献するための活動や環境に配慮する取り組みは，A ホテルにとってイメージ向上のみならず，社会的な評価やブランド力のアップ，選ばれるホテルであり続けるための施策といった視点からも不可欠だと判断した。

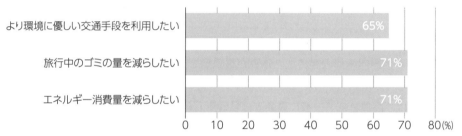

図 3-20　日本の旅行者が旅先で行いたいサステナブルな取組み（環境編）
（出典：ブッキング・ドットコム・ジャパン）

5. ビジネスモデル改革の実現へ

5-1 ユニークな体験滞在プランによる差別化戦略

コロナ禍による観光旅行者の激減，さらに，テレワークの普及によって出張の機会が減少したことも影響し，ホテルのビジネス需要も大きく低下している。

このような厳しい状況下で，現状を打開するにはマーケティング変革を行う必要があった。その1つが競争戦略を導入した「差別化」。この戦略を進めることで活路を見出すこととした。

同社が運営するホテルは，著名な観光地といえる土地柄に立地するわけでもない。保有資源・立地による制約条件のなかで，他社との差別化を図るには，独自のコンセプトづくりが大きな課題であった。現下の財務状況では，大きな設備投資は難しく，また値下げ以外の方法で差別化を図るしかない。そこで，マーケティングの視点で他社との差別化のために，まず対象とする顧客のターゲットを絞り込み，ニーズを特定することから始めた。

現在のホテル市場の動きから，当面はインバウンドや大型の団体客の需要の急拡大は見込めず，国内の個人客の取り込みが最重要と判断し，個人向けの独自プランの作成に注力することとした。

企画の1つの対象者は，高齢者だ。一般に高齢者は「健康」に関心が高い。そこで，高齢利用者に，旅行としても楽しみながら健康づくりができるよう「ヘルスツーリズム」に工夫を凝らした。例えば，「スキーやゴルフなどの娯楽性の高いスポーツ」や「和尚さんによるガイド付きの巡礼ウォーキング」など，ユニークな体験を通して身体を動かした後は，温泉に入ってヘルシー料理をいただくツアーを企画。「健康」をテーマとした付加価値提供に注力し，地域のスポーツクラブなどと連携した施設やインストラクターの提供，また，地元生産者と提携し美味しい地元食材を使った健康料理の組み合わせでホテルの利用者に健康食を提供するプランを作った。

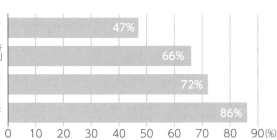

図3-21　日本の旅行者が旅先で行いたいサステナブルな取組み（現地コミュニティ編）
（出典：ブッキング・ドットコム・ジャパン）

　また，もう1つの企画は，小さな子どもがいる20代夫婦の家族がターゲット。ホテル滞在中に地元の伝統工芸，文化などへの家族で手作り体験参加。あるいはスポーツ等を「体験する」ことに興味をもつ若手家族を対象としている。例えば，寄木細工・陶芸・ガラス吹き・手打ち蕎麦やピザ作りなど，出来上がった作品を持ち帰る手作り体験滞在，あるいは乗馬，ヨガ，カヌー，スキーなどのスポーツ体験。基本的にこれらの体験はホテル滞在が目的になる。利用者には，ホテル側でスケジュールも適切に計画が練られ，予約も一括でしてくれる。必要なことはホテルがすべて手配してくれるので，旅行者はプランを選んで予約を入れるだけ。より手軽にニューツーリズムを楽しめることが可能となる。従来，ホテルは目的地に行くために寝泊をするという場所であったイメージを大きく変える試みだ。

5-2　IT活用による作業の効率化

　ホテル業界では「いかにサービス品質を高め，収益力を磨くか」だけでなく，「いかに省人化を進め，収益構造を強固にするか」も新たな競争軸となり始めている。

(a)　事務処理業務の効率化

　今回，「RPA※（ロボティック・プロセス・オートメーション）」というツールをバックヤードの事務処理に導入することとした。PRAとはパソコンでの単純な定型作業を代行・自動化することができ，作業時間の短縮による人件費の削減に有効と判断した。例えば，請求書や経費の処理，発注・納品処理など，総務・経理，勤怠管理や給与計算などを自動化することで業務時間の削減が可能になり，人手不足の解消につながる。

RPA（Robotic Process Automation）：パソコンで行っている事務作業を自動化できるソフトウエアロボット技術のこと。

(b)　スマホやタブレットを活用する

　スマホやタブレットなどの，デジタルツールを用いた業務効率化も急速に進めた。タブレット端末によるチャットを取り入れたところ，フロント係と客室係の円滑なコミュニケーションが可能になった。また，スタッフの研修にスマホやタブレットから接客マニュアルやスキルアップセミナーなどの動画を確認できる環境を整えるなどで役立っている。

5-3　FM×BIMの連携によるメリット

　CAFMの導入により同ホテルは，FM業務を進める第1歩であるデータベース化を進めた。

　ただ，使い始めると市販CAFMは汎用性がある一方，とくに維持管理業務を中心にサポート機能については，まだまだ最適化，効率化の余地が残っていることが分かってきた。とくに，竣工図書や修繕・改修記

録など，相当量のデータの CAFM への維持管理情報の入力作業は，建物管理担当者にとって負担が大きく，施設管理者にとって必要最低限の維持管理情報入力さえも滞りがちになっていた。結果として CAFM の利用価値がなくなるため，継続的利用がなかなか難しい状況になっていた。

　これまで施設管理担当者は，システム選定の目標が必ずしも明確でなかったため IT の導入が，なかなかうまく機能しなかった面もある。日常の業務フローのどの局面で対応に困っているのか，など明確に日常の業務に照らし合わせて検討を始めた。

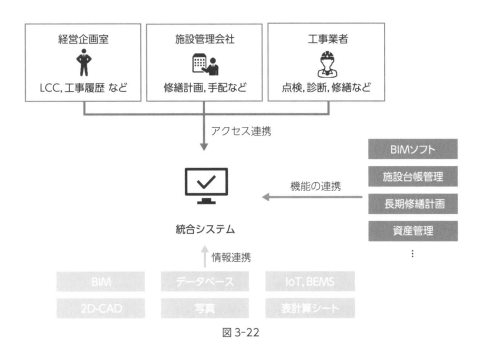

図 3-22

（1）ファシリティ管理業務への BIM 活用メリット

BIM※とは，Building Information Modeling（ビルディングインフォメーションモデリング）の略称で，コンピュータ上に作成した 3 次元の建物形状情報に，コストや仕上げ，管理情報などの属性データを追加した建築情報モデル（データベース）を，設計や施工，管理などさまざまなプロセスで有効活用していこうとする考え方である。

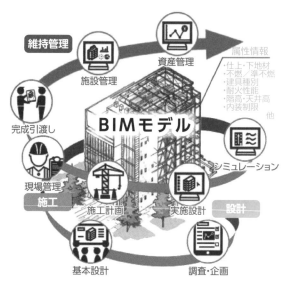

図 3-23　BIM とは（国土交通省建築 BIM 推進会議「BIM を活用した建築生産・維持管理プロセス」）

これまでの A ホテルの施設管理においては，CAFM システムにより各施設の書類や図面，設備機器の管理，長期修繕の計画管理などのファシリティデータをコンピュータ内にデータベースとして蓄積し管理を行っていた。しかしながら，保有施設データのコンピュータ活用は，施設管理台帳を EXCEL で管理する方式であり，各部署の要求に対応するデータの抽出や分析を行うのは，その要する時間や手間の問題も含めて容易ではなかった。

また，施設管理情報は地理情報や位置情報，図面情報などとはリンクできておらず，目的に応じたデータの取り出しが難しい状況にあった。

さらに，図面や報告書等のデータが基本的に紙や CAD ベースで個別に管理されており，修繕や改修のつど設備台帳を調べるなど，過去のデータとの照合作業に時間を要していた。

H 氏はこれらの問題について，BIM をファシリティデータ管理ツールとして活用することで解決可能である，というアドバイスをコンサルタントから受けた。

そこで，この CAFM システムと 3 次元の建築情報システムである「BIM」との連携を検討した。

まず，BIM の有する特徴として下記の3点が挙げられる。

- ●設計内容の可視化
- ●モノ情報の入力・整合性の確認
- ●モノ情報の統合・一元化

すなわち，BIM データは，3次元の形状情報と属性情報※をもってお
り，BIM データのなかから必要なデータを取り出すことで，施設の運
営管理における業務効率の向上，そして可視化，さらにはシミュレーシ
ョンなどに活用することができる。したがって，施設の維持運営を始
め，A ホテルにとってさまざまな目的に利用できる。例えば，経営企
画担当者にとって BIM データベースから各客室の面積，仕上げ，設備
機器や改修費やエネルギー費用などの過去の履歴データを簡単に取り出
すことができ，今後の改修計画に役立つ。また一方で，ホテルのファシ
リティデータは，施設の改修時期や修繕コストシミュレーション，エネ
ルギー費用の比較検討するなどのニーズにも対応できる。

設計・施工段階で使われている BIM の有するデータを，ホテル施設
の運用・維持段階においても上手に活用することで，現在 FM 業務の
抱えている問題点の解決を図ることにも有用である。つまり，BIM デ
ータには，FM の基本情報となる視覚的に分かりやすい建物3次元情報
をはじめ，建築部材，設備機器，家具・什器など資産として扱う個別の
モデルが蓄積されており，財務担当者にとっても資産台帳の作成や原価

属性情報：室の名称や仕上
げ，材料・部材の仕様・性
能，コスト情報など，3次元
の建物形状情報以外のものを
いう。

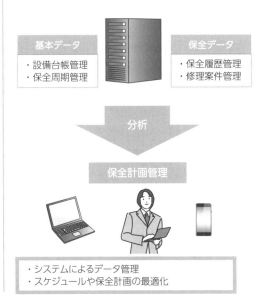

図 3-24　従来の施設管理との比較

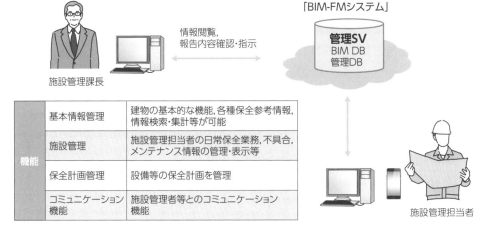

- ・各種設計データや設備情報を電子化したBIM-FMシステムを構築
- ・日々の管理情報をシステムの登録し施設管理部長等関係者と共有
- ・蓄積清報を活用し保全・修繕・更新作業を実施

図 3-25　BIM を活用した FM システム

償却業務の省力化につながる。そこで BIM に FM を連携させることで，BIM データを上手に活用し FM 管理業務の最適化を図る方針を決めた。

(2)　BIM と FM との連携による課題解決

　BIM で作成した建物モデルを，FM システムに同期化し FM 情報をデータベース化することにより，効率的な情報の共有や見える化が可能となり，また下記のようなメリットが出せる。

(a)　BIM の三次元モデルと資産データとの連携

　BIM を導入し，CAFM のデータベース内の資産データを BIM と連携させたシステムとすることでファシリティ管理に関する煩雑な事務作業の負荷軽減に大きく役立つ。例えば，資産台帳作成では情報検索作業の削減，帳票入出力作業や発注業務の効率化など省力化に貢献する。また，資産管理担当者など，通常，建築現場に携わっていない管理者に BIM で現場での設備機器や資材などの視覚的な理解が高められるなどの効果も出せる。

(b)　BIM による修繕更新計画の策定

　BIM で作成されたモデルには，基本的にその建物を構成しているすべての情報が入っている。例えばある材料に何年後に改修が必要という情報を与えておけば，時系列で毎年の改修が必要な部分を抽出することもでき，中長期繕計画が立てられる。また，BIM 施設モデルのデータから，仕上げ情報と面積情報を取り出すことができるのでホテル施設運営管理者は，その情報を基に保全計画を策定し，維持管理費用を算出することも可能になる。それらを計画案にフィードバックすることにより，維持管理を考慮した適切な材料選択が可能となり，ライフサイクル

コストの低減化にもつながる。

(c)　省エネルギー化の推進

エネルギー消費に関しても照明・空調などの電気代で年間ホテル 1 棟当たり約 2,000 万円近くも消費されており，省エネ化の推進も，地球温暖化問題も踏まえ，同ホテルにとって大きな関心課題であった。

省エネルギー化を図る方策として，まず「ベンチマークづくり」が必要となる。

BIM とエネルギーデータ収集システムとのデータ連携により，電気やガスのエネルギー使用量データを定期的に自動取得，蓄積し，月別や年別にグラフ化することができるようになる。そのデータをグラフ化することで，使用量が一目で分かるし，それに備えた省エネ対策をとることもできる。消費量を分かりやすく可視化した「ベンチマーク」として，「エネルギー使用量マップ」や「運営人件費負担マップ」を構築し，エネルギー使用状況を一覧表示してシミュレーションや，最適エネルギーシステムの検討にも使えることが分かった。

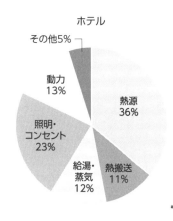

エネルギー使途		主なエネルギー消費機器
熱源	熱源本体	冷凍機, 冷温水機, ボイラなど
	補機動力	冷却水ポンプ, 冷却塔, 冷温水一次ポンプなど
熱搬送	水搬送	冷温水二次ポンプなど
	空気搬送	空調機, ファンコイルユニットなど
給湯・蒸気	熱源本体	ボイラ, 循環ポンプ, 電気温水器など
照明・コンセント	照明	照明器具
	コンセント	事務機器など
動力	換気	駐車場ファンなど
	給排水	揚水ポンプなど
	昇降機	エレベータ, エスカレータなど
その他	その他	トランス損失など

図 3-26　ホテルの年間エネルギー消費量の内訳（環境省「建築物のエネルギー消費状況」）

(d)　経営分析・意思決定・判断へのフィードバック情報

ホテルの更新工事は，客室や宴会場・レストランそしてロビーなど，営業活性化ためのバリューアップなどの模様替えが頻繁に行われるので，改修更新計画の管理・予算管理は，経営計画や設備投資戦略と密接に関わってくる重要な役割をもつ。

ホテル経営分析では，客室面積当たり，あるいはパブリック面積当たりなどの収益性評価において，客室の面積，仕様内容，家具・備品などの数量，そして改修履歴といった施設データは，経営判断の分析目的には極めて貴重なデータとなる。

さらにまた，下記の点についても BIM 導入メリットがあると判断した。

(e)　20棟もあるホテルグループ施設の群管理への有効活用

　20ものホテルを運営管理していくには，そのデータ更新や整備に費やす手間と時間は相当量になる。したがって，まず膨大な情報量をデータベース化し，必要なときに最新データを即座に取り出しできるシステムの整備が必要だった。そこで，担当者の入力作業を最小限にするため，竣工時の納品図書の一部として，工事業者や供給業者に下記データの提出を義務付けた。

・設備機器，家具備品，等の一覧リストと仕様内容情報
・BIMによる竣工図面，工事内訳書などの設計図書データ

　また，資産計上作業の効率化を図るために，工事内訳書の提出時には，内訳明細の各項目に対応する資産分類コード番号を事前に割り当てた内訳書の提出を義務付けている。

　この内訳書明細の実績データを施設データ管理システムに取り入れ，実績データを今後の工事予算作成のベースとし，また，資産台帳作成時の資産計上や除去管理の元データとして活用している。

　これらの機能は，Aホテル本社直結の施設管理担当部が全国に20もあるホテルグループの各データを，ネット回線を介して収集し，集中管理できるシステムとしている。

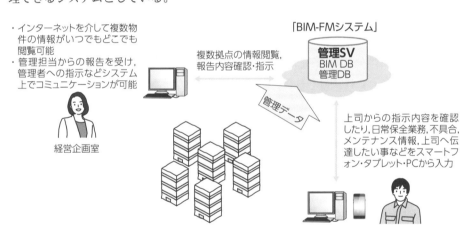

図3-27　Aホテルグループにおける20棟の施設運用情報管理システム

◆ ホテル運営でBIMを使うメリット
- ● 経営分析・意思決定・判断へフィードバック，情報の有効性
- ● 施設維持管理・点検業務のスピードアップ，手間の軽減効果
- ● データ管理システムの有効利用
- ● 資産台帳作成の省力化

6. ビジネスモデル改革の導入効果

6-1　新規ホテルビジネスモデルへの転換

　ホテル業の営業利益率は他産業と比較して極めて低い水準にある。H氏はコロナ禍による利用者の減少のみならず，旅行形態や消費者ニーズの変化もあり，従来のビジネスモデル転換の遅れを痛切に感じていた。これまでのビジネスモデルを見直すため，地域における滞在・消費の牽引役となる宿泊業の高付加価値化の促進に向けた検討を始めた。

　つまり，単に宿泊滞在場所の提供に終わらない付加価値の高いホテルビジネスモデルのへの転換である。

　そこで出てきたのが，ユニークな宿泊プラン。ホテルが知られるキッカケになったり，宿泊予約の獲得につながったりするため，集客力の強化には欠かせないポイントである。

　宿泊施設の客室や食事の提供のみならず，交通機関の予約，体験訪問施設の手配など地元企業と連携し，これをパッケージにすることで旅行商品を創出した。

　お客さんとのおもてなし（接客）部分を広げ，従来よりもっと積極的に打って出るAホテルの新しいビジネスモデルへの転換である。

　まだスタートして半年だが，このパッケージプランは，対象を高齢者や家族向けに絞り，その潜在ニーズに上手くマッチしたこともあり，比較的好評で反応も上々であった。H氏はそれなりの新規モデルへの転換の手応えを感じている。

6-2　IT ツールの活用による業務効率のアップ

　宿泊業においては，約8割の企業が人手不足に陥っており，深刻な状況にある。

　労働時間が長く，有給休暇の取得率も低水準であり，労働環境が人手不足の一因となっている。例えば，顧客のいない時間に休憩を取る「中抜け」という変則的な勤務形態など，実質的に長時間にわたる勤務が定着している。結果的に，宿泊業の労働生産性は他産業と比べて極めて低い水準にある。

　H氏は，労働生産性の向上や労働環境・処遇の改善を図り，ホテル業が将来に亘って持続可能な産業となるための取り組みの検討を行った。

　まず，これまでの業務の在り方，労働時間の問題など，とくにバックヤードを中心に人手を介していたアナログな業務を再点検し，デジタル化が可能な部分については，IT化を積極的に進めることで，業務の省人化や自動化を図った。

　具体的には，紙帳票の作成や社内システムへの入力業務はデジタル化できた業務の1つ。手作業による文書作成・入力業務は，電子文書作成ツール，電子サインに対応したITツールの活用が有効であった。業務の効率化により，人件費の他，印刷費・郵送費・保管にかかるコストなどの削減にも結び付いている。

　またバックヤードのみならず，客室やレストラン，宴会場など，さまざまな場所におけるスタッフの業務にもモバイルを活用することで十分に対応可能な作業も随所に出てきた。

　そうすることで，企業にとって業務全般のデータの収集が可能となり，現場業務の効率化だけでなく，管理部門の経営判断にも役立っている。

　また，従業員への働きやすい環境づくりも同時に進めた。福利厚生やマネジメント，職場環境など社員の満足度を高める方策についても精力的に進めている。

6-3　BIM活用によるFM業務のレベルアップ

　宿泊業は装置産業であり，1棟当たりの投資金額が他産業と比べ極めて高い。したがって，設備投資額の高負担が問題となっている。

　現時点では，施設改修工事費や光熱水費のエネルギーコストなどファシリティコストの上昇が顕著であり，ファシリティコストの削減も大きな検討課題であった。

図 3-28　BIM と FM の情報活用例

　同ホテルにおいて有効なファシリティ マネジメントを進めるには，まずファシリティの現状の見える化，そしてそのデータの的確な有効活用が必要だった。

　つまり，本来のFM業務を進めるためのその第一歩は，ファシリティデータベースの構築にあると判断し，そのためのさまざまなITツールを検討した結果，BIM活用に行きついた。

　BIMをFM業務のツールとして活用することで，いくつかのFM業務に有効であることも見えてきた。例えば，BIMの三次元モデルと資産データとの連携による煩雑な事務作業の負担軽減，修繕更新計画の策

定，省エネルギー化の推進，グループ内 20 施設の集中管理，さらには，
経営分析・意思決定・判断へのフィードバック情報としての役割など，
上手に使いこなせば A ホテルの FM 業務の推進に大きく貢献できると
判断した。

　日常の FM 業務においても，BIM 活用によるデジタル化の推進で「情
報検索作業の削減」，「帳票入力・出力作業の効率化」，「発注業務の効率
化」などに効果が出てきており，作業時間のおよそ 15％削減の数値目
標を立て，現在その実現を目指している。

　最終的に，今後の BIM ツールの活用により，ファシリティコストの
削減のみならず，LCC の観点からの最適投資，さらには FM 業務効率
の面からも効果は確実に出てくると H 氏は期待している。

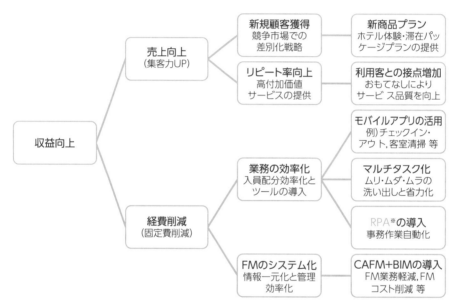

図 3-29　A ホテル経営立て直し戦略アクションプラン

7.　まとめ

　本事例は，コロナ禍を契機に，市場環境が厳しいホテル事業におい
て，従来の慣習的なホテルネスを大きく見直し，新しいビジネスモデル
への転換を図ったケースである。

　先ず，市場戦略として，利用者のニーズの変化を踏まえ新しいモデル
への改革を断行し，営業成績の回復に努めている。さらに，慢性的な人
材不足や長時間労働，そして不効率なファシリティ マネジメント業務
などの課題解決に向けて，IT ツールを有効活用することで生産性の向
上を図り，最終的に人件費，そしてファシリティコストの削減に一定の
成果を収め，経営内容の立て直しを図った好事例である。

付録　FM でよく使う簡略英文・和文用語の概説

簡略英文と表記	概　　　説	該当頁
ABW： Activity Based Working	仕事内容や気分に合わせて，働く場所や時間を自由に選ぶ働き方のこと。 フリーアドレスとは，オフィスの中で固定席をもたずに，ノートパソコンなどを活用して自分の好きな席で働くワークスタイル。	15, 95, 98
Agile： Agile working	英語で「機敏な」「素早い」という意味。システムやソフトウェアの開発手法のひとつ。開発期間が大幅に短縮されるのが特長。さまざまなニーズの変化に対応できる手法。	15
AI： Artificial Intelligence	人工知能のことで，人間の知的ふるまいの一部をソフトウェアを用いて人工的に再現したもの。 経験から学び，新たな入力に順応することで，人間が行うように柔軟にタスクを実行する。コンピュータによる機械学習といわれるディープラーニング（深層学習）と自然言語処理に大きく依存している。	13
BAS： Building Automation System	建物内の照明，空調，セキュリティ，電力メータ等の設備機器をネットワーク経由で一元管理し，設備機器の監視や制御を行うシステム。 従来のビル管理機能に加え，省エネルギー管理をはじめとしたビルマネージメントへの機能拡張，システム導入時および運用時のコスト削減などを行う。	13
BCP： Business Continuity Planning	事業継続計画のことをいう。 企業が自然災害，大火災，テロ攻撃などの緊急事態に遭遇した場合において，事業資産の損害を最小限にとどめつつ，中核となる事業の継続あるいは早期復旧を可能とするために，平常時に行うべき活動や緊急時における事業継続のための方法，手段などを取り決めておく計画のこと。	18, 91
BEMS： Building Energy Managing System	建物のエネルギー管理を行う中央監視制御機能をいう。 省エネルギーを目的として建物で消費する電気，ガス，水，その他のエネルギーのデータ収集，分析，予測，制御等を総合的に行うシステム。	63
BI： Business Intelligence	企業に蓄積された大量のデータを集約・分析し，迅速な意思決定をすること。この意思決定をサポートするツールのことを「BI ツール」という。 手作業では膨大な工数を要するデータの収集・整理・統合・可視化を自動化し，意思決定の迅速化と戦略的業務へのリソースシステムを実現する。	
BIM： Building Information Modeling	コンピュータ上に作成した 3 次元の形状情報に加え，室等の名称や仕上げ，材料・部材の仕様・性能，コスト情報等，建物の属性情報を併せもつ建物情報モデルを構築し，設計から施工，維持管理に至るまで建築ライフサイクル全体で蓄積されたデジタル情報を活用し，業務効率化や建築デザインのイノベーションを起こす画期的なワークフローをいう。	46, 56, 155

簡略英文と表記	概　　　説	該当頁
BLC： Bim Library Consortium	建設業界等において，BIM 活用による設計や製造に係る 3 次元形状情報と属性情報を円滑に交換し利活用するための標準化を行い，BIM ライブラリー配信サイトを構築し，建築業界の生産性・品質向上等を目的として，2015 年に（一財）建築保全センターが代表として設立した「BIM ライブラリーコンソーシアム」の略称。2019 年 9 月 24 日，BIM ライブラリー技術研究組合に改組。	
bSJ ／ bSI： building Smart Japan	bSI（building Smart International）は世界 19 の支部があり，建築分野で利用するソフトウェアの相互運用を目的とした IFC 仕様策定と活用普及に向けた活動を行っている団体で，bSJ はその日本支部。1996 年 IAI 日本支部設立。2016 年 IAI から bSJ に改称。	
CAD： Computer Aided Design	コンピュータを利用して設計を行う手法，またはそのツールのこと。	45
CAFM： Computer Aided Facility Management	図面情報（CAD データ）と属性情報（データベース）を結び付け，双方向で検索・表示・集計できるシステム。図面上のエリアや位置を表す座標系とデータベースのテキスト系を連携させ，属性からの図形検索や，図形からの属性検索が可能となる。	146, 147
CAM： Computer Aided Manufacturing	CAD で作成したモデルデータを生産機器，工作機器に渡し，製造工程に活用すること。	
CIM： Construction Information Modeling/ Management	建築分野で広まりつつある BIM の概念を，土木工事において活用しようというもの。 CIM においても ICT インフラが大きな基盤となっており，土木工事におけるさまざまな情報を共通化し活用しようという取組みがはじまっている。特に，地形や土木構造物，そしてそれらの属性情報をもつ 3 次元モデルを活かした企画・設計が多くなってきている。	
CMMS： Computerized Maintenance Management System	コンピュータ化された保守管理システムで，設備保全の現場を支援・統制するシステム。 保全業務の見直し，効率的な保全計画の策定に役立つ。	13，74
COBie： Construction Operation Building Information Exchange	アメリカ公共発注機関がオープンスタンダードとして認めたフォーマット。BIM 情報を FM 段階で活用するための BIM データ交換手法。	73
Covid-19： Coronavirus disease 2019	2020 年に起こった，新型コロナウィルスによる感染症によるパンデミック（pandemic：広範囲に及ぶ流行病）のこと。	15
DF： Digital Fabrication	デジタルファブリケーションといい，デジタルデータをもとに創造物を制作する技術のこと。 3D スキャナーや 3D CAD などの測定機械により，自分のアイディアや個人の身体データ等をデジタルデータ化した上で，そのようなデジタルデータを 3D CAD やレーザーカッターなどのデジタル工作機械で読み込んで造形する。	
DT（DX）： Digital Transformation（DX）	「IT の浸透が，人々の生活をあらゆる面でよりよい方向に変化させる」という概念で，2004 年にスウェーデンのウメオ大学エリック・ストルターマン教授が提唱したとされる。ビジネス用語としては，定義・解釈が多義的ではあるものの，おおむね「企業がテクノロジーを利用して事業の業績や対象範囲を根底から変化させる」という意味合いで用いられる。	40，54，59

簡略英文と表記	概　　説	該当頁
DXF： Drawing Exchange Format	CAD ソフトで作成した図面データを保存するファイル形式のひとつ。	57
FFE： Furniture Fixture Equipment	家具（Furniture）・什器（Fixture）・備品（Equipment）の頭文字。 建築計画の中で，基本的な内装仕上げ工事（クロス・塗装・木工事など）を除いた，装飾的な家具・備品・照明器具・カーペット等の工事をさす。	146
FM： Facility Management	資金，人材，信用，ブランド・情報を，何らかの「コトの達成」をするため，ファシリティを働かせるための能動的な経営資源であると捉え，運用すること。	2, 27, 43, 80
GPS： Global Positioning System	アメリカによって運用される衛星測位システム（地球上の現在位置を測定するシステムのこと）をいう。 GPS 衛星からの信号には，衛星に搭載された原子時計からの時刻のデータ，衛星の軌道の情報などが含まれる。 GPS からの電波を受診し，その発信時刻を測定し，発信と受信との時刻差に電波の伝播速度を掛けることによって，その衛星からの距離がわかる。	57
HEMS： Home Energy Managing System	情報技術を駆使して一般住宅のエネルギーを管理するシステムのこと。 太陽光発電パネルなどの発電設備，家電製品や給湯機器などをネットワークでつなぎ，自動制御する。需要家に対して省エネを喚起したり，各機器の使用量を制限することでエネルギー消費量を抑制したりすることができる。	
ICT： Information and Communication Technology	情報処理および情報通信などのコンピュータや，ネットワークに関連する諸分野における技術・産業・設備・サービスなどの総称。	12, 40, 102
IFC： Industry Foundation Classes	3 次元建物情報モデルを中核とした建築プロセス全般にわたるデータ定義，データ交換，共有ファイルフォーマットなどの標準のこと。国際標準（ISO 16739）2013 年に登録。	57
IFMA： International Facility Management Association	国際ファシリティ・マネジメント協会のこと。 1980 年 5 月に米国でファシリティ・マネジメント協会（National Facility Managment Association）が設立された。この協会は，1981 年には国際ファシリティ・マネジメント協会に改称され，現在では 130 の支部をもち，94 か国 24,000 人の会員を擁している。	3, 38
IoT： Internet of Things	インターネットを介して，モノ（Things）に組み込まれたコンピュタシステムが互いに結び付いて情報を交換しあい，識別でき，複数のモノの動作を協調的に制御する。 BEMS HEMS は IoT の先行例。	12, 63, 64
IPD： Integrated Project Delivery	建築主，設計者，施工者，メーカーなど，建築プロジェクトにかかわるチームが初期の段階から協力し，最適な建物を建てるという共通目的のもと，最も効果的な判断を共同で下すことを可能にする協業形態のこと。	
ISO： International Organization for Standardization	国際標準化機構のこと。 非政府間機構であるが，国際規格専門機関として多くの国際機関と連携を持ち，特に，国際連合での諮問的地位を有する。国際規格（IS）の作成を行う。	
IT： Information Technology	パソコンやスマートフォンなどのコンピュータネットワークを使った情報技術の総称。	98, 154

簡略英文と表記	概　　　　説	該当頁
IWMS： Integrated Workplace Management System	総合型職場管理システムのこと。 施設管理，IT，不動産の専門家が広く使用しているソフトウェアプラットフォームである。このソフトウェアは，企業施設のライフサイクルを管理するのに役立つ。	74
JFMA： Japan Facility Management Association	公益法人　日本ファシリティ・マネジメント協会のこと。 1987 年 11 月，日本ファシリティ・マネジメント推進協会が設立され，JFMA として活動。	3，38
KPI： Key Perfomance Indicator	目標の達するプロセスでの達成度合いを計測したりするためにおく，定量的な指標をいう。	34
LCC： Life Cycle Cost	ライフサイクルコストといい，製品や構造物（建物や橋，道路など）がつくられてから，その役割を終えるまでにかかる費用をトータルで捉える。生涯費用，生涯経費と言われたりすることもある。 建物の場合，企画・設計から建設，運用を経て，修繕を行い，最後に解体されるまでに必要となるすべての費用を合計したものである。	135，148，149
LCM： Life Cycle Management	ファシリティの企画段階から，設計・建設・運営そして解体まで，ファシリティの生涯に着目して計画，管理を行う考え方。	
LiDAR： Light Detection And Ranging	光による検知と距離のこと。レーザーライダーや赤外線ライダー，3D ライダーと呼ばれることもある。 原理はレーザー光を照射し，物体にあたって跳ね返ってくるまでの時間を計測し，物体までの距離や方向を測定する。	57
LOD： Level of Development	建築にかかわる情報は，さまざまなプレーヤーが分担して作成し，積み重ねられて作成されていることから，プロジェクトの進行段階によってその完成度が異なる。実務者間で，BIM で表現した情報の詳細度について共通認識をもつため，LOD という概念が定められている。LOD100 が概念設計レベル，LOD500 が施工図・製作図・要領書のレベルを表す。	
NBS： National Building Specification	設計・施工時に用いられる「仕様書」の記述方法を制定する Royal Institute of British Architects（RIBA 王立英国建築家協会）の外郭団体。 1973 年に設立され，現在では 5,000 以上の事務所でこの「仕様」が使われている。2012 年には BIM ライブラリを立上げその普及に努めている。	
PDCA： Plan-Do-Check-Action	「Plan（計画）」「Do（実行）」「Check（評価）」「Action（改善）」の頭文字をとったもので，業務の効率化をめざす方法の一つ。 日本では，1990 年代後半からよく使われれるようになった方法で，計画から改善までをひとつのサイクルとして行う。	27，47
PFI： Private Finance Initiative	公共サービスの提供に際して公共施設が必要な場合に，従来のように，公共が直接施設を整備せずに民間資金を利用して民間に施設整備と公共サービスをゆだねる方法。 日本では，1999 年 7 月公布の PFI 法の施行以降活用されている。	

簡略英文と表記	概　　　説	該当頁
PM： Property Management	定められた期限までにプロジェクトの目標を達成するため，与えられた予算や人材，設備，物資などを用いて実施企画を立て，適宜修正しながら進捗の管理を行う。 このようなプロジェクトの管理業務をプロジェクトマネジメントという。	
PMS： Property Management System	ホテルやホテルグループが予約やチェックイン／チェックアウト，客室の割り当て，客室料金の管理，請求といったフロント・オフィス機能管理をするためのプラットフォーム。 最近は，フロント業務の枠を超えたサービスが誕生している。	139
RPA： Robotic Process Automation	ロボティク・プロセス・オートメーションといい，パソコンで行っている事務作業を自動化できるソフトウェアロボット技術のこと。 既存の事務的業務を効率化させ，生産性の向上に寄与する。	153, 162, 164
SDGs： Sustainable Development Goals	2015年9月の国連サミットで，加盟国の全会一致で採択された「持続可能な開発のための2030アジェンダ」に記載された，2030年までに持続可能でより良い世界を目指す国際目標。17のゴール・169のターゲットから構成される。	18, 150
Stem： Standard for the exchange of material equipment library data	C-CADECが定めた設備機器の性能や各種仕様（使用属性情報）と外観写真，外形図，性能線図等の各種技術ドキュメントを，機器ごとのライブラリデータとして交換するための標準仕様。 大手設備機器メーカ各社からStemに準拠したデータの提供が行われ，国内の主要な設備分野の専用BIM/CADソフトでもサポートされている。	
Society5.0：	日本が提唱する未来社会のコンセプト。 科学技術基本法に基づき，5年ごとに改定されている科学技術基本法の第5期（2016年度から2020年度の範囲）でキャッチフレーズとして登場した。サイバー空間（仮想空間）とフィジカル空間（現実空間）を高度に融合させたシステムにより，経済発展と社会的課題の解決を両立する，新たな未来社会（Society）をSociety5.0として提唱している。	
SSH： Secure Shell	暗号や認識の技術を利用して，安全にリモートコンピュータと通信するためのプロトコル。 パスワードなどの認識部分を含むすべてのネットワーク上の通信が暗号化されている。	
UNICLASS：	英国の建設業界のすべてのセクター向けの統一された分類システム。 BIMオブジェクトの分類体系整備に当たっては，英国民間団体が運用するユニクラス2015を採用する方針を，国土交通省「建築BIM推進会議」ではこれを確認している。	
VOC： Volatile Organic Compounds	揮発性を有し，大気中で気体状となる有機化合物の総称。ホルムアルデヒド，トルエン，キシレン，酢酸エチルなどの多種多様な物質が含まれる。新築当初は建材などからVOC化学物質の発散が多く，シックハウスと呼ばれ，通風・換気を十分行わなくてはならない。24時間換気義務化の根拠。	

簡略英文と表記	概　　　説	該当頁
VPN： 　Virtual Private Network	一般的なインターネット回線を利用して作られるプライベートネットワークのこと。 日本語に直訳すると仮想の専用線という意味がある。フリー WiFi と比べてセキュリティリスクを減らすことができる。	
VR： 　Virtual Reality	現物・実物ではないが，機能としての本質は同じであるような環境を，ユーザの五感を含む感覚を刺激することにより，理工学的に作り出す技術およびその体系のこと。	

和文項目と英文表記	概　　　説	該当頁
IP電話： Internet Protocol	広い意味では，電話網の一部もしくはすべてにVoIP技術を利用する電話サービスのことである。 （VoIPとは，音声を各種符号化方式で符号化および圧縮し，パケットに変換したものをIPネットワークでリアルタイムに伝送する技術）	87
アウトソーシング： Outsourcing	外部委託のこと。従来は組織内部で行っていたものを，独立した外部組織から労働サービスとして購入する契約。 対義語はインソーシング。	
アクションプラン： Action Plan	企画・計画・戦略の実施プランを明確にする企画書の一部。 具体的な施策内容とその実施期間を明確に書くことがポイント。	
アグリゲータ： Aggregator	需要家の電力需要を束ねて，効果的にエネルギーマネージメントサービスを提供するマーケター，ブローカー，地方公共団体，非営利団体のこと。	
アセットマネジメント： Asset Manegement	AMもしくは資産管理といい，広義としては，投資用資産の管理を実際の所有者・投資家に代行して行う業務のことである。 株式・債券・投資用不動産，その他金融資産の管理の代行をする業務一般を意味する。	
インバウンド： Inbound	外国人が訪れてくる旅行のこと。日本へのインバウンドを訪日外国人旅行という。 これに対して，自国から外国へ出かける旅行をアウトバウンド又は海外旅行という。	129
ウェアラブルデバイス： Wearable Device	手首や腕，頭などに装着するコンピュータディバイス。 スタートウォッチ，メガネのように装着できるスマートグラスなどがある。	143
エピデミック： Epidemic	ある地域で，短期的に感染症が流行することをいう。 エピデミックが更に広がるとパンデミックとなる。	19
区分所有法：	正式には「建物の区分所有等に関する法律」で，一棟の建物を区分して所有権の対象とする場合の，各部分ごとの所有関係を定めるとともに，そのような建物および敷地等の共同管理について定めた法律。	
クラウド化： Cloud	企業の情報システムなどで，自社内にコンピュータを設置して運用してきたシステムを，インターネットやVPNを通じて外部の事業者のクラウドサービスを利用する形に置き換えること。 （VPN：Virtual Private Network：仮想専用線は，インターネット上に仮想的な専用線を設けて，セキュリティ上の安全な経路を使ってデータをやり取りすること。）	
経営資源：	ＦＭにおいて，資金，人材，信用，ブランド・情報は，何らかの「コトの達成」をするためにファシリティを働かせるための能動的な経営資源であるととらえられる。	7, 8
計画保全：	更新周期を考慮した計画的な保全を進めることによって，施設の安全性の確保だけでなく，ライフサイクルコストの削減を考慮した保全。	

和文項目と英文表記	概　　　説	該当頁
合意形成： Consensus Building	ステークホルダー（多様な利害関係者）の意見の一致を図ること。特に議論などを通じて，関係者の根底にある多様な価値を顕在化させ，意思決定において相互の意見の一致を図る過程のことをいう。コンセンサスともいう。	
コラボレーション： Collaboration	「共に働く」「協力する」の意味で，「共演」「合作」「共同作業」「利的協力」をさす用語。日本ではコラボで略されることも多い。	
事後保全：	建物修繕が必要となった施設を中心に，現場管理を主体に対応する保全形態。 対義語は予防保全。	
住生活基本法：	2006 年 6 月に成立した法律。 住生活基本法は，①良質な住宅ストックの形成および将来世代への継承，②良好な居住環境の形成，③国民の多様な居住ニーズが実現される住宅市場の環境整備，④住宅の確保に，特に配慮を要する者の居住環境の確保など良質な住宅と環境を創出し，消費者のニーズに合った住宅が市場に供給されることを目指している。	
生涯経費： Life Cycle Cost（LCC）	建築物が建設されて，維持管理され，取り壊されるまでに要する費用の総額。	134, 149
長寿命化改修：	学校施設の老朽化対策を効率的・効果的に進めるための新しい改修方法。 従来のように建築後 40 年程度で建て替えるのではなく，コストを抑えながら建替え同等の教育環境の確保を可能とする改修。	
デジタイゼーション： Digitization	単なるデジタル化のこと。 例えば，紙ベースで管理していた顧客リストをデータ化したりして，業務効率やコスト削減を目指すこと。	40，60
デジタライゼーション： Digitalization	デジタル技術を活用することで，自社のビジネスモデルを変えることで新たな事業価値や顧客体験を生み出すこと。	40，60
デューデリジェンス： Due Diligence	投資家が投資を行う際，もしくは金融機関が引受業務を行う際に，投資対象のリスクリターンを適正に把握するために事前に行う，一連の調査のこと。	
等価交換方式：	土地所有者が，ディベロッパー等と共同で建物を建設する事業方式の一つで，土地所有者は土地を，ディベロッパー等は建物等の建設資金をそれぞれ出資し，土地所有者の土地の一部とディベロッパーの建物の一部を等価になるように交換し，双方が土地・建物を所有することにする事業方式。	
働き方改革：	働き方改革実現推進会議が提出した「働き方改革推進するための関係法律の整備に関する法律（働き方改革関連法）」が 2018 年 6 月 29 日に可決・成立し，2019 年 4 月から施行されている。この法律は「長時間労働の是正」「正規・非正規の不合理な処遇差の解消」「多様な働き方の実現」の 3 つの柱でなる。	80，84
バリアフリー化： Barrier Free	対象者である障害者を含む高齢者等が，社会生活に参加する上で生活の支障となる物理的な障害や精神的な障害を取り除くための施策，もしくは具体的に障害を取り除いた事物および状態をさす用語。	128

和文項目と英文表記	概　　　説	該当頁
パンデミック： Pandemic	日本語では感染爆発と訳される。感染病や伝染病が全国的・世界的に大流行し，非常に多くの感染者や患者を発生することをいう。 語源はギリシャ語のパンデミアで，パンは「全て」，デミアは「人々」を意味する。	16，19
ファシリティコスト： Facility Cost	会社を運営するのには，さまざまな費用がかかるが，その中でも「場所」にかかる費用，すなわち経費で言えば賃料にあたるものをいう。	89，133
フリーアドレスオフィス： Free Address Office	オフィス社員の固定席を作らずに自由な席で仕事を行える仕組みのこと。 机を固定しないことにより，コスト削減やコミュニケーションの活性化，セキュリティの向上が期待できる。	95
フレックスタイム制： Flextime	従業員が日々の始業・終業時刻を自身で決定して働くことができる制度で，導入するには就業規則でフレックスタイム制について規定し，労使協定を締結しなくてはならない。	
プロジェクト・マネージメント： Project Management	プロジェクトを成功裏に完了させることを目指して行われる活動のこと。 これにはプロジェクトを構成する各活動の計画立案，日程表の作成，および進捗管理が含まれる。	
ペーパーレス： Paperless	今まで紙に印刷していた資料をデータで共有すること。	
ベストプラクティス： Best Practice	最善の方法，最良の事例などの意味をもつ。何かを行う方法や工程，その実践例の中で，ある基準に従って最も優れていると評価されたもののこと。	
ベンチマーク： Benchmark	本来は測量において利用する水準点を示す語で，転じて金融，資産運用や株式投資における指標銘柄など，比較のために用いる指標を意味する。ここでは，施設の今後の運用・保全管理についての基本的な方針や目標数値をいう。	34，145
法定耐用年数：	「減価償却資産の耐用年数等に関する省令」で決められた法定耐用年数のこと。 「資産の種類」「構造」「用途」別に耐用年数を詳細に定め，画一的に扱うことにしている。このように，税法で規定される耐用年数を「法定耐用年数」という。	
マンション建て替え円滑化法：	マンションの建て替えや除去は，原則として区分所有法に基づいてすすめるのであるが，この法律は，そのための合意形成や権利調整について特別の措置を定めている。 マンション建て替え組合の創設，従前のマンションの所有権，敷地利用権，借家権を再建マンションの各権利に変換する手続き，敷地等を売却ための手続等を定めている。	119
モバイル： Mobile	自由に動くという意味を表し，特に携帯電話，スマートフォン，小型のノートパソコン等，外出先への持ち歩きが容易で通信環境が整っている端末のことをさす。	
モバイル通信： Mobile Telecommunication	携帯電話会社が提供する回線でのインターネット通信のこと。「パケット通信」とも呼ばれる。 スマホのインターネット接続方法には「モバイル通信」と「WiFi」の2種類がある。	

和文項目と英文表記	概　　説	該当頁
モバイルワーク： 　Mobile Work	決められたオフィスで勤務する働き方ではなく，時間や場所に縛られず，ICT（情報通信技術）を活用して柔軟に働く「テレワーク」の一形態。	
予防保全：	部品ごとに耐用年数や耐用時間を定めておいて，一定期間使用したら故障しなくても交換する保全方法を意味する。類義語に時間基準保全，定期保全がある。反意語は事後保全である。	

索　引

あ　と　が　き

　本書を企画し，執筆打合せを開始したのが，2015 年の 8 月。あれから 8 年を経て，ようやく今回の出版まで漕ぎつけました。

　ファシリティ マネジメント（FM）の企画打合せを開始した 2015 年当時は，前年の 2014 年にインフラや公共施設の老朽化が日本の重要な社会問題となり，FM が注目されつつある時期でもありました。

　本書の執筆に際し，「FM（ファシリティ マネジメント）とは一体何か」，あるいは「FM は実際現場でどのような使われ方をしているのか」といった疑問に答えるため，執筆者と編修者で何度も打ち合わせを重ね，新しい時代の FM のガイドとなる書籍を目指しました。

　打合せや執筆を進めていくうちに，FM を取り巻く社会環境が大きく変化しました。2019 年から働き方改革を推進するための「働き方改革関連法」が順次施行され，2020 年には新型コロナ感染症が勃発し，一時，打合せを中断せざるを得ない時期もありました。また，同時期に IT 化が急速に進んでいったという時代背景もあります。

　これらの社会背景の変化に対応するため，当初進めていた原稿の内容も，いくつか大幅な軌道修正が必要となった面もあります。

　FM について，実務的な見地からいかに施設を上手に活用し，有効な施設の運用管理を進めていくかなどの問題解決について筋道を立てて，わかりやすく記した書物の重要性を実感していました。そこで本書では，FM について，第 1 編では可能な限りわかりやすく説明し，また第 2 編では実際の場面で使えるよう具体的な事例をもとに解説しております。

　本書の執筆に際し，第 1 編には「FM とは何か」，「FM とはどういうことに役立つのか」といった FM の基本的な考え方や役割を野城智也先生が初学者向けにも平易に解説し，また，FM と IT による情報システムの観点から「FM のためのシステム作り」について，村井一先生が説明されています。

　第 2 編の民間編の事例に関しては，具体的な事例をもとに，現場の問題点や課題の把握，そして解決までの道筋がわかりやすいように，佐藤隆良ができるだけ生の声を反映させるよう努めました。安孫子義彦先生には，企画段階から打合せに参加頂き，本書全般の構成から内容にいたるまで多大なご助言を頂いたうえに，用語等の解説についてもご執筆頂きました。

　また，本書の企画段階からご助力を頂き，製作・完本までを粘り強く支えて頂いた市ヶ谷出版社 澤崎明治社長にも執筆者を代表して御礼申し上げます。

　2023 年 7 月

　　　　　　　　　　　　　　　　　　　　　　　　　　　　　　　佐 藤 隆 良

[著　　者] **野城　智也**　Tomonari YASHIRO
1957 年　東京都生まれ
1985 年　東京大学大学院工学系研究科建築学専攻博士課程修了
　　　　　建設省建築研究所，武蔵工業大学建築学科助教授，
　　　　　東京大学生産技術研究所教授　工学博士
　　　　　（2009 ～ 2012 年に同所長，2013 ～ 2016 年東京大学副学長を歴任）
現　　在　高知工科大学教授，東京都市大学特任教授

佐藤　隆良　Takayoshi SATO
1946 年　愛知県生まれ
1969 年　法政大学工学部建築学科卒業
現　　在　サトウファシリティーズコンサルタンツ代表，広島大学博士（工学），
　　　　　英国王立サベイヤーズ協会／ FRICS，建築コスト管理士

村井　一　Hitoshi MURAI
1981 年　富山県生まれ
2007 年　東京大学大学院工学系研究科建築学専攻修士課程修了
　　　　　株式会社日本設計，東京大学生産技術研究所　特任研究員
現　　在　東京大学生産技術研究所　特任助教，合同会社村井一建築設計　代表，
　　　　　一級建築士，博士（工学）

[企画協力] **安孫子義彦**　Yoshihiko ABIKO
1944 年　秋田県生まれ
1968 年　東京大学工学部建築学科卒業　工学修士
2001 年　株式会社ジエス代表取締役
現　　在　株式会社ジエス顧問，一級建築士，建築設備士，設備設計一級建築士

建築新講座テキスト
実例に学ぶ　ファシリティ マネジメント（民間・大学編）

2023 年 8 月 10 日　初 版 印 刷
2023 年 8 月 28 日　初 版 発 行

著　　者　野 城 智 也 他 2 名
発 行 者　澤 崎 明 治

企画・編修　澤崎 明治　　DTP・トレース　丸山図芸社
編　　修　吉田 重行　　イラスト　鴨井 猛
印　　刷　新日本印刷　　製　　本　三省堂印刷

発 行 所　株式会社　市ケ谷出版社
　　　　　東京都千代田区五番町 5
　　　　　電　話　03-3265-3711（代）
　　　　　FAX　03-3265-4008
　　　　　ホームページ　http://www.ichigayashuppan.co.jp

ⓒ2023　　　ISBN 978-4-87071-266-9